小雞卡巴拉

隆・麥羅・杜奎特

Lon Milo DuQuette

U0072672

THE
CHICKEN
QABALAH
of Rabbi Lamed Ben Clifford

這

是一本

專門為自詡

為赫密士卡巴拉神祕家的人所撰寫且

經過改良的新式卡巴拉書

籍，適合專注力短暫、但

仍認真想要運用一點希伯來卡巴拉在

靈性開悟的

業餘人

士

致謝

本書作者想向以下諸位表達謝意，由於有他們的協助，這作品才能具現於物質界：

康斯坦絲·珍·杜奎特（Constance Jean DuQuette），感謝她的愛與幽默感幾乎能夠克服對於卡巴拉的厭惡；

羅德尼·奧斐斯（Rodney Orpheus），感謝他暫時停下身為搖滾明星、專輯藝人的頹廢人生及頻繁出國的行程來為本書寫序；

教士吉茲摩·本拉梅德（Rabbi Gizmo Ben Lamed），感謝他敞開心胸及分享紀錄文件；

還要感謝美國塔羅雜誌《今日占術》（Augury Today）的伊達·潘各拉（Ida Pengala）以及卡巴拉雜誌《歌箋》（Gomer）的特倫斯·史土爾博士（Dr. Terrence Stool）；

以及卡洛琳·提爾利女士（Ms. Carolyn Tillie），感謝她在四年前的承諾，亦即敝人若寫出一本卡巴拉的書，她就會做出具有十道菜色的「卡巴拉」豪華晚餐獎勵在下。

目錄 *content*

插圖列表

序言——教士與我

✦

　　首先我要聲明，無論杜奎特先生得在自己的前言做出何等表述，教士拉梅得‧本柯立孚德（Rabbi Lamed Ben Clifford）是真實的，至少曾經如此。在這世上，最能了解作者之所以選擇用自擬虛構人物的方式呈現該書內容的人，大概就是我了。杜奎特先生如此做的原因，就是言行合一的人會恪遵守密的靈性誓言，所以他利用文學來鉅細靡遺地比手畫腳，讓自己能完美盡到守密的義務。反觀在下我呢，除了完全沒有這種約束之外，也正在著手集結我這一生與教士互動的事件紀錄，所以我很感激杜奎特先生讓我在此分享自己的一些回憶。

　　依稀記得第一次遇見教士拉梅得‧本柯立孚德時的天氣，那是個狂風暴雨的潮濕日子。我那時是某個神祕教團的年輕門徒，正在某個寧靜美麗的德國小鎮參加那裡舉辦的點化儀式。我還能清晰地記得那個場景——那時的我站在疊高的椅子上以東方技藝輕鬆揮動巨大的日本武士刀，新人們則在旁聚集欣賞，然後有個矮胖的人靠了過來，他的鬍鬚隨著刀風不停飄盪。

　　「小兄弟！」他用宏亮的聲音對我說，「你一直在偷偷習修卡巴拉喔！」

周圍的人群看似因他那略像尖叫的專橫聲音退卻下去，正把刀高舉過頭的我定住不動與他對望片刻，周遭靜默無聲。

　　「不，我沒有。」我冷靜回答，「但我不介意習修卡巴拉。」

　　他詫異地注視我，看似在認真檢視我的面容，然後轉身離開。我突然靈光乍現，就從原本所站的位置跳下來衝去追他，然後跪在他腳前。

　　「大師！」當時是這樣叫的，因為我那時知道自己找了好久的偉大白袍兄弟會（Great White Brotherhood）其中一人就在眼前。「請收我當你的弟子——拜託！」

　　「我不能那樣做。」他說，「卡巴拉並不適合像你這樣魅力四射的搖滾明星。唯有已經充分活出人生的人才能掌握卡巴拉。在能以上主的真正教士之身分進行研究之前，你得要結婚並且累積更多財富才行。」

　　「但是，大師，一定還有其他辦法吧——我可以擔任你的祕書，或是打掃你的房屋、擦亮你的皮鞋，做什麼事情都可以！我目前唯一學到的是數字與符號的無意義，所以我一定要習得那藏在無意義後面的真實知識。」

　　「好吧，當你下次來美國時就到我的地方，到時再看看能給你什麼安排！」他的眼神透出光彩，我知道自己收到一份挑戰，亦即我的奉獻是否足以為他拋棄自己的工作，並在卡巴拉的神聖智慧中成為他的僕役？當然，我確實這樣做了！

　　就這樣，幾個月之後，我為了尋求開悟，搭機到紐約市、踏上那裡的土地，而那只扛在肩上的小袋子裝著我全部的財產。我有聽

說教士在蒙托克（Montauk）那裏有主持一個小團體，其成員都是他親自挑選的真正入門者。雖說如此，不論怎麼努力，我認識的人都不知道那些入門者的身分，一個都沒有，他們所屬的團體就是這麼神祕。而我在後續幾年找出為何如此的理由。

這個團體（我不會在這裡透露它的真正名稱）係源自古老的艾賽尼派（Essenes），他們是在聖經時期的巴別塔（Tower of Babel）倒塌之後開始研究卡巴拉。從那時到現在，他們總是相信，任何人只要研究神聖智慧，也會遭受當年那些不明智的建塔師傅所遇到的危險，亦即那些師傅驕傲到想要親見耶和華的面容，使得祂向他們降下罪罰。因此該團體成員在入門時都各自宣誓完全不透露自己的名字，使上主不會因他們的靈性驕傲而找出他們予以降罰。所以我總算明白，雖然教士在神聖卡巴拉智慧的表述應是當代無人能及，為何從沒出版任何著作，說實在的，就連我以前待過的幾個祕術團體也不曉得他的名字。

待在那團體的期間，我憑著好運成為教士的少數親信之一。身為他的祕書，我能看到他在現實層面及靈性層面的許多聯絡及溝通方法。就物質層面而言，我對於他居然在全球各地都有聯絡對象感到訝異。至於他每天到底會跟什麼人在對話，我及其他人一概不知，從西雅圖某條街上的一個圓麵包（據教士所言，那是某位還活在世上、非常偉大的祓教術士），到某位歐洲政治領袖（教士深嘆口氣地說：「好吧，他真的很努力了。」）都有可能。

而他在靈性層面的溝通也是同樣精采──他時常與召魔術（Goetic）的靈體與以諾魔法（Enochian）的天使對話，大多發生在下午茶的時候（伯爵茶似乎特別容易有這樣的效果）。我很快熟悉速記

的方式，而且身邊總會備著一支鉛筆——還有一塊橡皮擦，因為教士有這麼說過：「做點審慎的編修處理，通常會對後面（會讀）的人有所幫助。」

在晴朗的下午，我們多會圍坐一起，中間有一大壺熱騰騰的茶，而教士會在那時針對這團體事工的未來走向，向他的那些隱形上級存在發表意見並跟它們爭論。我寫下來的筆記已經裝滿幾個箱子，所以我由衷感謝蘋果麥金塔電腦這項發明，使我總算丟掉教士的古董巴勒斯（Burroughs）打字機。

每當詢問我何時可以成為祕法的完整入門弟子，教士總是給予一樣的回應，即我必須更成功、更富裕，還要結婚及活出充實的人生，之後才能考慮關於自己也許可以成為教士之類的想法。

「但是，」我提出抗議，「師父，你需要某個能夠將你的事工延續下去的人啊！」

而當我們講到這樣的時候，他的目光總是看向杜奎特先生[1]的照片，那張照片就跟其他入門者的照片一起擺在他的桌上。

「也許吧……」，然後他就不再說下去了。

即使如此，我仍積極繼續自己的研究與修習，到最後這間位於紐約蒙托克的中心裡面的人全都知道我已成為師父的心腹，自然引出嫉妒以及心胸狹窄之人的陰謀——後者常是修道社團的滅亡原因。

而我的死對頭是個安靜、具被動攻擊性格的門生，他刻意將自己的名字改成吉茲摩·本拉梅德（Gizmo Ben Lamed）※。他打字比我

序文

11

※ 譯註：這裡的「本拉梅德」意思就是「拉梅德的兒子」，所以有暗喻自己是教士的兒子之意。

快，而且一直在覬覦我所擔任的師父祕書職位。有一天，他就在師父及其他弟子面前向我挑戰打字，而我居然答應下來。之所以做出如此犯傻的決定，是因為拒絕比賽的話，就算是本拉梅德的勝利。

而我在蒙托克的工作就從那次失敗開始步入尾聲。吉茲摩一直在毒化這團體成員的心智來對抗我，而師父沒讓我晉級，反倒擢升其他新人。雖然如此，我知道他私下還是最喜愛我，因為當他在許多場合旁拍我的頭時，總會引述這句話：「凡吾所愛，吾以棍懲之。」※

某一天，我真的受不了了，就衝進師父的聖房，向他喊著：「我要～求～成為卡巴拉的入門者！ 請教我那藏在數字與塔羅牌後面的祕密。」為時已晚，吉茲摩‧本拉梅德已經在裡面，正跟師父一起坐在桌旁，埋首仔細研究一份關於高等魔法技術的古印度繪圖文件。他們一起抬頭望著我。

「不可能的！」師父用低沉的聲音說著。「你實在太過年輕、太沒經驗。為什麼這樣說呢？因為你連婚都還沒結過！」我的臉垮了下來。他說得沒錯。反觀他自己在好幾年之前，就已設法把某位名為康斯坦絲的年輕漂亮女孩弄上手，據說他用了某些禁忌魔法達成目的，但我沒有證據——至少目前還沒有。不過還是回頭繼續說我的故事好了……

在我能夠回應之前，教士比出阻止的手勢並轉頭看向吉茲摩。「必須給他機會。他必須做出跟我們的先輩一樣的事情，也就是在沙漠漫遊四十個白天與四十個夜晚，於上主的純粹目光中接受試煉。庫都斯（Cuddles）（我到現在仍不知道為何他總是用庫都斯來稱呼吉茲摩），如果他存活下來，這就明顯表示他已經滿足「卑微」

※ 譯註：可能改自〈啟示錄〉3：19。

（insignificance）的條件，適合成為我們團體的真正成員，可以讓他接受相應課程的入門儀式。你一早就帶他去接受試煉，他必須找到上帝之城的邊界（the limits of the City of God）。」

吉茲摩直瞪著我，然而他也不能違背教士的強大意志。

那天晚上，無論那個繪有金雀花的床鋪喬得多舒服，我還是難以入眠，因為到了早上，我總算能夠有機會來證明自己。我知道自己做得到。日出四小時之後，聽到前院傳來某輛福斯露營車開進來的聲響，我就跑出門並迅速坐進車裡。車裡的人不發一語，為我蒙上明亮淺黃色的眼罩，然後我們就出發了。就這樣，我們沉默地開了四天的車。我知道本拉梅德以及其他一同搭車的人們都妒火中燒。哼～你們都給我看清楚了！

到了第四天的正午，車停了下來，他們按照儀式把我丟出車外之後，就迅速把車開走，不曉得開去哪裡。我拿下眼罩、取出心愛的童軍刀，然後開始走在沙漠中，相信神在我找到目標徵象之前會一直忽視我。我走了好幾天，沒有真正的食物與飲水（雖然我的確在路上發現一間麥當勞，真的很有幫助）。我所看到的異象，是展開漆黑雙翼的天使們，還有以美麗的泰籍女人形象呈現、用迷人的苗條身材對我展開誘惑的惡魔。但我還是堅持下去，專注在尋找能為我指出真正道路的徵象。

而那一天終於來了。我當時已經瀕臨放棄，異象變得模糊、心智一片空白，在絕望的邊緣蹣跚而行。然後我看到了那個徵象、那個標誌，那就是離開紐約之後我日日夜夜尋找的標誌：

Interstate（州際公路）[※]

Las Vegas （拉斯維加斯）
City Limits（市界）^{※※}

　　我立刻知道這就是自己要找的答案。因為我們之所以能提升到處在動物的單純存在狀態與神性之間，靠的是人類的「真意」（True Will），不是嗎？而數字93不就是象徵「真意」嗎？²我已經找到上帝之城的邊界，而神聖卡巴拉則明白道出這邊界就在我自己的意志（Will）裡面。我再次對於教士拉梅得‧本柯立孚德的智慧深感佩服，他領我到這裡，而這裡就是卡巴拉以物質形式具現於大地之處。於是我熱切地向拉斯維加斯邁步前進。

　　一抵達那裡，我就熱切開始自己的研究。我在賭場花上無數個小時，沉溺在數字所隱含的精微模式、塔羅牌所體現的原型力量，以及上主的酒吧招待女郎所帶來的酒神歡愉。我知道自己若沒完成教士交代給我的任務，就不能回去見他，於是我用四十個白天及四十個夜晚熱切進行自己的研究。

　　我的實地研究有非常棒的成果，而自己在那時也成為一位富裕的成功人士，還藉由網際網路找到一位深情的亞裔妻子。此時該是我返回蒙托克的赫密士家鄉去見教士的時候，於是收拾行囊往那裡去。

※ 譯註：字面也可以看做「處在某狀態與另一狀態之間的狀態」的意思。
※※ 譯註：即城市的邊界。

然後我到了教士的家，然而這段時間對教士而言並不好過。他當時由吉茲摩·本拉梅德（居然還在，真是不幸）在旁攙扶，看來老邁、憔悴。我毫不遲疑地直接要求接受最後的入門，以領略這團體的祕密。他們怎能再拒絕我呢？把行囊往那飾有金雀花的熟悉床鋪一丟，我就進入深沉且心滿意足的夢鄉。

　　第二天，在那明亮且澄澈的早晨，我被帶到教士面前，而他前所未見地穿著代表古代祕儀祭司身分的服裝。他雖然老邁，但披上豹皮還是挺好看的。後續十七個小時的細節無法透露，然而在結束時，他將抖動不停的雙手搭在我已剃光的頭上，將他的魔法本質灌注給我，「我現在即將要聖化、任命、拔擢與確認你從今以後是……祕儀的入門者，直到永遠。但首先你要跟我唸守密重誓（the Terrible Oath of Secrecy）。」

　　他往前傾身，滿懷欣喜向我抱來。然而在維持這樣的姿勢幾分鐘之後，我開始覺得有點不舒服，不過還是繼續撐住他的體重。我聽到吉茲摩在跟教士提示守密重誓，然而教士一直沒有動作。然後他的身體緩緩傾斜倒地，面容駭人。他死了。

　　醫生說他是因為肺梗塞而死，但我知道還有更深的原因。藉由給予我的點化，他完成自己的人生使命。從那時起，我就是他的後繼之人。

　　幾個月之後，我的老友Ｂ來電連絡，同為入門者的他是祕術領域的著名編輯，提到杜奎特先生有意願出版教士著名的《小雞卡巴拉》（Chicken Qabalah）佚失手抄本，還暗示本柯立孚德僅是出自他的個人想像，整份作品其實是他寫的！

我相當氣憤。身為師父事工的真正後繼者，我覺得這世上只有我才能解釋這些事情——因為我是這團體當中第一個、也是唯一一個完全沒有發誓守密的入門者，不是嗎？上主取走師父的性命，為的是讓我有機會可以向世界說出關於教士拉梅得‧本柯立孚德的事實。

　　然而在讀過杜奎特忠實且尊重的編輯表現以及介紹內容的導言，我得要承認他所做出來的成果真是令人讚賞，而且也實在無法怪罪他利用自身名氣的做法，因為這樣才能把這位偉大卡巴拉神祕家的事工推廣到一般大眾。

　　所以囉，親愛的讀者，這是你第一次手裡握著師父的智慧結晶。在看到那格局宏大的簡樸思想時，雖然對於出處還是有些芥蒂，我依然深深鞠躬致敬——書雖然不厚，卻是完美結晶而成的卡巴拉智慧金塊，希望你能好好享受。最後就以師父喜愛的魔法格言獻給各位：V.I.T.R.I.O.L.[※]！

羅德尼‧歐斐斯（Rodney Orpheus）
撰於美國加州洛杉磯

※ 譯註：V.I.T.R.I.O.L. 應為煉金術格言 Visita Interiora Terrae Rectificando Invenies Occultum Lapidem，字面之意是「拜訪大地最為內在的部分，並藉由安排正確順序，你會找到那顆藏起來的石頭」。

前言——表白

✦

　　幾百年以來，有一小群熱心的正統[1]猶太人（orthodox Jewish）將某種既複雜且高度結構化的研究及冥想傳統留存下來，而該傳統部分源自對於希伯來經典及塔木德經相關文獻（Talmudic texts）的研究，部分則是來自中世紀及文藝復興時期幾位舉足輕重的思想家之著作。這些虔誠奉獻的卡巴拉神祕家（Kabbalist）[2]熱切投身於無止盡地探尋神已揭示的話語。

　　與之相對的是，數百年來，非猶太裔的祕法家已掌握卡巴拉神祕家用於研究的許多工具，並在基督信仰[3]、異教信仰、魔法修習[4]及最近的新時代思想等範型裡面予以應用。後者除了沒有完全丟棄對於那些結合猶太人暨基督信仰的經典之熱愛，而且還著重在卡巴拉冥想修習所帶來的意識擴展之益處，而不是在解經時出現的狹隘啟示。

卡巴拉—— KABBALAH、CABALA、QABALAH

　　可以理解的是，正統「喀」巴拉神祕家（Kabbalist）並不怎麼看得起「咖」巴拉神祕家（Cabalist）或「卡」巴拉神祕家（Qabalist），就他們而言，這種高姿態是理所當然。不過，即使卡巴拉修習者選擇不走猶太人的宗教，或是不向那些跟自身靈性世界觀相違、無關

的傳統或信仰經典立下靈性承諾，他們的靈性依然能從卡巴拉的思想與修習當中獲得巨大益處。

就當前而論，若與正統卡巴拉社群相較，非傳統卡巴拉的修習者所代表的是更加廣泛且多樣的真理追尋者。在如此眾多的涉獵非傳統卡巴拉之人當中，有數學家、物理學家、心理學家、演藝人士，以及西方赫密士傳統——密傳美生會（esoteric Freemasonry）、塔羅（Tarot）、儀式魔法（Ceremonial Magick）、玫瑰十字會（Rosicrucianism）、占星學（Astrology）與煉金術（Alchemy）——的學生與修習者。因此，雖然我個人尊敬正統希伯來卡巴拉（the orthodox Hebrew Kabbalah）的大師們及傳統，本書所要傳達的對象仍是這些數量較為龐大的「非」正統或「不」正統卡巴拉神祕家。

卡巴拉可以很有趣嗎？

過去二十年以來，我有試著向學習塔羅及儀式魔法的學生介紹卡巴拉，特別是對於黃金黎明會（Golden Dawn）及阿列斯特・克勞利（Aleister Crowley）東方聖殿騎士會（Ordo Templi Orientis）的事工有興趣者。然而這種做法所涉及的範圍較為狹窄，主要在講述希伯來各個字母的意義與對應數值、名為「生命之樹」（Tree of Life）及「宇宙立方」（Cube of Space）的概圖所含有的祕密，以及能讓勤奮的學生「把宇宙萬物彼此相連到『沒有東西』留下來」的各種修習方式。

我很早就發現自己能夠藉由簡單的趣事與比喻，輕鬆表述那些基本原理。隨著時間過去，這些簡樸故事越發多采多姿、毫無節制，而且就我來看也越有娛樂效果。更甚的是，學生們以及評論家

一直跟我講，資料若以這種方式呈現的話，他們看似比較能夠有效吸收及記住資訊（而且也更能保持清醒）。

在開始為本書組織相關資料時，我了解到一件事，即絕大多數的讀者並不熟悉我的性格，也不會清楚我何時其實在搞笑，因為那差異很不明顯。於是我明白，如果我把沒有心理準備的讀者直接壓入卡巴拉魔幻樂園的深水裡面，那些可憐的靈魂應該馬上覺得自己被那些純粹裝瘋賣傻的表現嗆到無法呼吸。所以，我選擇使用卡巴拉文學領域中某種具有悠長、明確歷史的文學寫作形式，那就是偽經（pseudepigraphy），亦即為特定作品賦予虛假、錯誤的作者姓名。尊貴的猶太學者格爾肖姆·朔勒姆（Gershom G. Scholem）曾有寫道：

> 我們所知道的是，曾有一段很長的時期，文學偽作通常象徵使用匿名或假名的逃避作為，然而它們也同樣象徵欺瞞手段，這兩種象徵的出現頻率差不多一樣；我們也是基於相當充分的理由將外來字詞「偽經」保留下來，特別用來指稱宗教文獻當中某個合法類別……而在呈現出猶太文學裡面對於偽裝的愛好方面，最具重量的例子應是《光輝之書》（the Zohar），但它不是獨例。[5]

我決定向十三世紀撰寫《光輝之書》[6]的教士摩西·迪里昂（Moses de Leon）看齊，來撰寫同類作品。他宣稱該書的作者是教士西蒙·本由海（Rabbi Shimon Ben Yohai），然而這位生活在西元二世紀的教士是虛構人物，因遭受羅馬人的迫害而躲入洞穴長達十三年，受到神的啟發而寫出《光輝之書》。學者們也許會對《光輝之書》的作者到底是迪里昂還是某位當代人物一事彼此辯駁，然就文字呈現的一般意義而言，他們都不會認為該書內容為假。《光輝之書》明顯係依據

更加古老的資料而寫，而這種將作品歸給某位古代作者的做法在當時是人們可以接受的普遍做法，那麼為何現在不能這樣做呢？

於是我為了達成目的，構想出教士拉梅得‧本柯立孚德，他是現代卡巴拉運動中的傳奇叛逆人物。本柯立孚德讓我有機會點出那不平凡的極致智慧（希望可以這樣啦），並且在必要的時候把滑稽敘事撤下，去凸顯那藏在裡面的卡巴拉智慧金蛋。這樣的作法也許有點像精神分裂的感覺，而我也得承認自己其實還滿喜歡擔任教士的傳記作者及評論家。我希望讀者也能夠暫時放下懷疑，並長到足以加入這場樂事並學會卡巴拉的基礎。

我絕對沒有想用教士拉梅得‧本柯立孚德的越軌言行來觸怒任何人，不過就本書的編排內容來論，應該不免會擾動某些人的敏感神經。這些人已經忘記靈性探尋可以是一段喜悅的經驗，偉大真理也能夠藉由笑聲傳播出去。如果在讀完這本小書之後，您還是覺得它的內容或表現方式有冒犯到自己的話，請讓我事先為你致上誠摯、深切的歉意。

我也要警告、斥責那些煽動仇恨、偏執盲信的人們，請留意自己的危險偏差心態及生病的心智，別把我個人對於猶太主題的輕鬆處理方式詮釋成毫無善意的事物。

既然該說的都說了，我想此時應是放鬆下來、把懷疑擱在一旁，用幾個小時的時間假裝教士拉梅得‧本柯立孚德是個真實人物，仔細傾聽他要說的話——因為我以前也是這樣做的，所以現在才能夠自豪地說，「沒錯！我是小雞卡巴拉神祕家喲！」

隆‧麥羅‧杜奎特（Lon Milo DuQuette）

第零章

教士拉梅得・本柯立 孚德是誰？

　　首先，我覺得要為本書不同一般的編排方式向讀者致歉。其原始資料的來源相當繁雜且差異甚大，我得承認這真的非常挑戰在下的編輯功力。本柯立孚德的著作，除了〈十嘯及其評註〉（The Ten Command-Rants and Commentary）有出現在美國塔羅雜誌《今日占術》（Augury Today）的 1989 年冬季刊，及卡巴拉雜誌《歌箋》（Gomer）於 1992 年對教士的專訪之外，都沒有公開，也未進行編輯。有幾篇文章是當成教材，寫給他所想像出來的「所羅巴伯哲學青年學院」（Zerubbabel Institute of Philosophical Youth, Z.I.P.Y.）裡面的虛構學生，而其他的文章，例如〈關於小雞卡巴拉的常見提問〉，則是從他寫給世界各地的學生之信件當中編纂而成。至於他那部從未著手製作的影像紀錄片〈讓我們來學習小雞卡巴拉〉（Let's Learn Chicken Qabalah），應該算是本書最不尋常的部分。我雖已盡量嘗試，然而還是無法在不失關鍵資訊的前提下，用文字直述的方式來轉譯這份可觀的作品，因為這些重要資訊係來自教士那好笑的扭曲想像所提供的視覺效果與逐項解說。

在教士拉梅得‧本柯立孚德的門徒們於 1997 年 7 月 23 日宣告他失蹤之前，現代奧祕領域幾乎沒有人認識他。而認識他及其事工的少數人們，卻有截然相反且衝突的看法。他們絕大多數都不當他是一回事，認為他是個瘋癲無恥的神棍，然而有一小撮人熱愛他的「小雞卡巴拉」（Chicken Qabalah），著迷於他那有時無禮的諷刺表現風格，宣稱那是「向瀆神之人的眼裡撒沙」的作為。

本柯立孚德在許多方面無疑是不折不扣的騙子，從他那猶太圓頂小帽上面安裝的無趣螺旋槳飾物，到鞋裡安置的「護符」增高器，一再表示他是假貨。他也必然不是真正的教士，儘管他一直抗議事實並非如此，但他沒有任何教士訓練的相關學位或認證。他並不是「所羅巴伯哲學青年學院」的校長，而且就我所知，世上並不存在叫這名字的組織。他的名字明顯是假的，而那些曉得他熱愛糖醋豬肉的人們，都可以證實他大概不認為自己是恪遵習俗的猶太人。

然而從另一方面來看，本柯立孚德的強詞奪理看似並沒有傷害任何人，就我所知，別人對他最嚴厲的指責也只是品味不佳而已。他非常博學，這點無人否認，雖然他的過往晦暗不明，但其靈性感悟也已應達到相當深入的層次。雖然如此，我撰寫這本書的目的並不是要來維護這位趣味多多的怪人，而是為了向更多人引介此人思想裡面的黃金寶藏。

至於那些已對相關主題多有了解的讀者，我相信你們看得出來，本柯立孚德的教導完全不是對於大量卡巴拉文獻的詳盡闡述（何況這些文獻有時還彼此矛盾）。例如，他完全去掉任何關於反輝耀（the Qliphoth）或偽輝耀達阿思（the false Sephirah Daath）的討論。而且他還選擇獨守關於靈魂四分法之簡明且神聖的文獻，並忽略（至少在著作

是如此）較為複雜的理論，即假設靈魂直覺（Neshamah）──生命力量（Chiah）──個體性（Yechidah）係由某個更大的「神聖直覺」分下來的呢！[1]

然而，我還是要提醒那些已經有底子的讀者，別直接就此認定本柯立孚德所教的是「灌水」的卡巴拉。就我看來，他完成那幾乎不可能做到的任務，亦即將世上最為複雜的靈性學問之一（就算不是唯一，也是最複雜的）蒸餾出它的本質。他使新學生在覺得自己有必要開始「數算神的鼻毛」（教士是這樣說的）之前，有機會先掌握住卡巴拉的整體觀念。同時，他在講述相關主題時的平實態度，將能提醒那些資深（也許數算神的鼻毛已經好幾年）的卡巴拉神祕家其實還可以從整體來看。

近三十年來，眾人對於神祕學以及西方祕法傳統所有面向的興趣大增，這是有目共睹的現象。而見多識廣的人們都知道，西方祕法傳統的躍動核心就是希伯來卡巴拉，其身分有時是該傳統的源頭，有時則是千古智慧的傳話器。現在的真理追尋者已換成新的世代，有的人也許註定要去探究卡巴拉的至深奧密，其他人也許只要淺嚐就已感到滿足，因此我深感榮幸，能向諸位獻上這本《教士拉梅得‧本柯立孚德的小雞卡巴拉》（The Chicken Qabalah of Rabbi Lamed Ben Clifford）。

隆‧麥羅‧杜奎特

第一章

關於小雞卡巴拉的
常見提問

—— 隆·麥羅·杜奎特 ——

> 我們成為卡巴拉神秘家，不是要去證明《聖經》的神聖——
> 而是因為每事每物本然神聖，我們才成為卡巴拉神秘家。
> ——教士拉梅得·本柯立孚德

　　毫無疑問地，人們向教士拉梅得·本柯立孚德詢問的第一個問題，都是想要了解他為何選「小雞」（Chicken）這個詞來描述自己在卡巴拉研究與修習的個人風格。而在重新審視一大堆關於此主題的信件之後，我清楚了解到的是，教士其實很愛為每個詢問「為何你要稱之為小雞卡巴拉呢？」的人給出不同的答案。說實在的，就是因為如此，我原本想把那些答案納進「常見提問」這一章裡，只好完全作罷。後來在我準備向出版商交出本書的最後稿件時，教士的一位住在紐約市的學生來電，知道很多事情的她樂意為我證實教士於1987年寫給某位牙買加門徒的信中所提到的故事：

為何我要稱之為「小雞卡巴拉」呢？事實上，「小雞卡巴拉」一詞最先是從某位傲慢自大、充滿仇恨的老人嘴中講出來的，當時那個人有來參加我在紐約市舉辦的「你所知道的卡巴拉，有九成可以忘掉」的研討會。在演講之後，他來到我面前，而且已經憤怒到講話困難的程度。

　　他說，「先生，你這是褻瀆！你不是什麼卡巴拉神祕家！你甚至連卡巴拉這個詞的發音都唸錯——應該唸做咖巴～烙！（Kahbbah-'law!）咖巴～烙！你教的東西不是卡巴拉！而是……是……」

　　這個可憐的人脹紅了臉、全身顫抖不已，因為他在腦海中思索有什麼夠「鳥」（fowl）（啊～原來如此）的詞來描述我的研究。

　　「是……是……雞！（Chicken!）雞咖巴烙啦！（Chicken Kahb-bah-'law!）」

　　這個人馬上因自己不假思索把幼稚不雅的用字說出來而大感丟臉，當時在場的人也都心知肚明，甚至開始偷笑。他於是變得非常激動，向地板吐痰並說：「你跟你教的東西只值（merit）讓人吐痰（spit）！只夠吐痰而已！」然後衝出大廳。

　　由於我有立誓，要把每個現象都當成是神直接向我的靈魂傳達的訊息來解讀，所以我將這位隨地吐痰的可憎男士看成是上主的某位天使，被派來向我揭露那永遠會與我齊名的靈性學問之名稱。於是我在當天晚上於冥想中使用卡巴拉的方式來檢視他所帶來的訊息。

　　「痰」（phlegm）或唾涎（spittle）在希伯來語是 **כיח**（KICh[※]），而「值得」（merit）的希伯來字是 **נו**（NE）。令我感到非常欣喜的是，「值得

※ 譯註：這是希伯來字母之英文字母代碼，然其排列順序會從希伯來文的由右至左書寫改成英文的由左至右書寫

吐痰」（merit spit、**נה כיח**）在字母轉換成數值之後的總數是 93[1]，是最為神聖的數字之一。數字 93 不僅跟「愛」（Love）與「意志」（Will）的神聖概念有關，也跟我們藉以勝過死亡的「偉大祕字」（the great secret Word）有關。當我再度看向筆記時，居然發現這些希伯來字母的英文代碼，若是完全依照希伯來語由右至左順序來排列的話，就會出現「雞」或「小雞」的英文字（**נה כ יח** → ChIK EN）。

說真的，我無法完全相信上面的故事。也許這裡面的確有可以根據的事實，不過就像教士所講的絕大多數故事那樣，這應是純屬虛構或是「神聖大謊」（他會這麼說）。不過我們很快就會看到，教士拉梅得·本柯立孚德的謊言裡可能含有一些非常偉大的真理。

以下所列的問題與回答，並不是由本柯立孚德編集，而是敝人所為，還有得到他的祕書兼「魔法繼承人」（magical son）吉茲摩·本拉梅德的幫助，畢竟他負責教士與門徒及蔑視者的私人通聯已有六年之久。

什麼是小雞卡巴拉？

小雞卡巴拉是個假裝自貶的術語，用來指稱神聖希伯來卡巴拉當中對於西方赫密士靈性傳統的修習者而言具有「實際價值」的一些面向。小雞卡巴拉神祕家（Chicken Qabalist），雖然對教導純粹理論的卡巴拉所具有的豐厚地方傳統之個人或機構仍有莫大敬意，但他們就像禪宗的門生那樣，務實專注在該項技藝的超越心智之技術。

誰是小雞卡巴拉神祕家？

任何人都可以是小雞卡巴拉神祕家，但就過去到現在的歷史而言，他們大多為塔羅、心理學、占星學、儀式魔法、玫瑰十字會、煉金術、祕傳美生會（Mystic Freemasonry）或巫術（Witchcraft）的修習人士。

小雞卡巴拉是真正的卡巴拉嗎？

當然是啊！請別擔心，也別去在意別人的否定，因為所謂的正統卡巴拉，也只是某些人維持很久的小雞卡巴拉而已。

卡巴拉（Qabalah）這個字有正確的拼法嗎？

當然沒有！你是小雞卡巴拉神祕家呢！別在意這件事！什麼卡巴拉（Cabala）、喀巴拉（Kabbalah）、夸伯叭啦（Quabbbalah）、卡夸叭叭啦啦（Caqubabalalah）──都是錯的！（所以它們也許都是對的！）等到你稍微熟悉卡巴拉字母表之後，我們再多談這方面的事情。

成為小雞卡巴拉神祕家會很難嗎？

當然不會！別在意這件事。不過，如果你覺得需要一些外來的確認，就在這份證書簽名，然後剪下來放在錢包裡面。不用寄來什麼申請書或付任何費用。如果全知的神真的存在，祂必會承認你那以靈性層面的無畏展現的大膽行為。

所羅巴伯哲學青年學院
Zerubbabel Institute of Philosophical Youth,
Z.I.P.Y.
茲證實

願意無悔承接
教士拉梅得．本柯立孚德的小雞卡巴拉神祕學問
所展示之無宗無派的自由思想。
該員展現出如此具有智性與品味的行為，
所以無論到任何地方，
都能得到充滿自信且謙遜平實的真理追尋者之尊敬，
而且永遠都有資格承擔這個令人肅然起敬的稱號：

小雞卡巴拉神祕家
CHICKEN QABALIST

「老天啊！我才不在意呢！」

圖一：給小雞卡巴拉神祕家放在錢包的小卡片

很好！你現在完全是小雞卡巴拉神祕家了。現在，你要學習的第一件事情，就是每個人的卡巴拉都是各自獨有，你的卡巴拉不是我的或其他人的卡巴拉。從你開始研究那一刻起，屬於個人的卡巴拉就交到你的手上。它是活的，會依你所餵的事物而生長。你學得越多，就會用得越多，而每個人的研究與運作都不會完全一樣。

例如我有認識一些人，他們研究過的經典文獻很多，即使沒全都看過，至少絕大多數都已讀完。他們通盤了解自己的希伯來文字，還有整套冗長到不行的傳統對應。他們可以一整晚都在扭曲、擺弄數字與字母，再用喋喋不休的瘋言亂語送你出門。他們可以操弄你的地址與電話號碼，用來證明你就是那個反基督（antichrist），而你的真正名字會是侏儒妖（Rumpelstiltskin）。但上述的說明，不一定代表他們只會將這知識用來煩死朋友。與之相比，你也許只想學習一兩種卡巴拉的技藝並加以運用就可以了，這也很好。將每一天當成磨練自身韌性與技藝的機會，別擔心啦！即便是最基礎的練習，都有可能像複雜奇特的魔法操作那樣使你迅速抓狂──甚至還會更快喲！

我需要是猶太人嗎？

　　當然不需要！你是小雞卡巴拉神祕家呢！別在意這件事，你不需要有什麼出身、有什麼信仰，或從屬任何宗教、崇拜、組織或政黨。你不需要信仰希伯人來的神，或是摩西（Moses），或是偉大女神，或是耶穌，或是拉法葉‧羅恩‧賀伯特（L. Ron Hubbard），或是穆罕默德，或是任何救世主、先知或售貨員，甚至也不需要虔誠的心或開明的態度。卡巴拉思想的腦筋扭轉之力將會很快使這些東西變得無關緊要。

我需要學習希伯來語嗎？

　　當然不需要！你是小雞卡巴拉神祕家呢！別在意這件事，你不

需要學會講希伯來語，不過你得要認得希伯來字母表的 22 個字母並能書寫之，也得需要知道每個希伯來字母的意義與數值[2]，這部分的學習是省不掉的。在研究與操作希伯來字母表的過程中，你終究會熟悉對於這系統而言相當重要的眾多字母。

如果你的研究引領你往希伯來語的方向發展的話，那麼你不久就能在原始的希伯來文獻認得這些字母。那些總認為你在耍蠢、靈性不足的朋友或親戚，會相當欽佩你的這項技能，甚至會讓他們感到羞愧並不斷煩惱質疑自己的信仰，因為他們無法用原本的語言來閱讀自己的神聖經典。所以請用力踢、反覆踢他們的痛腳！身為小雞卡巴拉神祕家真是快樂呀！

我會不會被嚴肅的猶太卡巴拉神祕家以及會說希伯來語的人威脅呢？

當然不會！你是小雞卡巴拉神祕家呢！別在意這件事。小雞卡巴拉神祕家最先學到的那個使人自由的祕密（就卡巴拉而言是如此），就是沒有所謂的正確希伯來文讀法[3]！對！沒錯！在這系統中，無論你怎麼唸那些字，總會有些假內行的人跳出來指正你（特別在公眾場合更是如此）。請要記得，希伯來語算是比較年輕的口說語言（spoken language）。當然，這世上是有說意第緒語（Yiddish）、猶太西班牙語（Judezmo）、塞法迪語（Sephardic）或阿什肯納茲語（Ashkenazic）的人，還有許多屬於區域或種族的方言。若就這些方言而論，的確有正確的唸法，不過在談及古希伯來人的神聖語言時，沒有人——我再重複一遍——沒有人能確定它聽起來是什麼模樣，或甚至是否有用在口說！所以在研究、修習卡巴拉的靈性應用方式時，發音是無關緊要的。

請對以下事實感到驕傲：你的確知道、且能誠實到足以承認自己並不確定這些字的發音，而更重要的是，你不在乎。那些膽敢蔑視小雞卡巴拉神祕家之事工的人們，會無法忍受那種完全不在乎的態度。即使如此，記住以下幾點還是比較好：

教士拉梅德的有用提示之一：絕對不要糾正其他卡巴拉神祕家的發音，不論那聽起來有多好笑。首先，他們也許是對的。其次，你的沉默在他們看來就是贊同的意思，所以他們會認為你是非常有智慧的人物喔。

教士拉梅德的有用提示之二：更好的做法，則是別跟其他卡巴拉神祕家交談。

我聽說卡巴拉會以《聖經》為依據，那麼我得要相信《聖經》嗎？

當然不需要！你是小雞卡巴拉神祕家呢！別在意這件事，你不需要相信任何事物。如果你讀過《聖經》之後覺得不對胃口，那麼我們是同一國的。不過，在你要把那本老舊的詹姆斯王欽定本《聖經》丟出窗外之前，我想要指出一點——《聖經》是「神聖的」，不過，電話簿、《韋氏字典》（Webster's Dictionary）、《羅伯特議事規則》（Robert's Rules of Order）及麥當勞餐廳裡面的菜單也是同樣神聖。你在後面的「十嘯」[4] 將會學到，每事每物都是神聖的，任何事物都能夠成為神聖啟示的載具。然而《聖經》裡面的那些具有關鍵重要性的書，係「由」卡巴拉神祕家「為」卡巴拉神祕家撰寫而成，因此我們對那些書會特別感興趣。

我知道啦，你大概對《聖經》的研究沒有什麼興趣，也許你跟我一樣曾經跟某些人有不好的相處經驗，即那些被說服相信《聖經》是在教導十分荒謬及殘暴之事的人們。那麼現在，對於那些曾試圖用地獄的永恆痛苦來恐嚇你的人們，你可以跟他們講——要去就自己去。我想要跟你分享一個只有小雞卡巴拉神祕家（以及少數幾位音樂家）有足夠的勇氣與膽識來面對的祕密：《聖經》裡面那些屬於卡巴拉的幾本書，其作者從沒想要公開它們給大眾閱讀。

啊！我終於說出來了！感覺心中舒坦很多。真的要對自己誠實——在你內心深處，你一直都知道這是真的，不是嗎？你有多少次嘗試在精神飽滿的時候來讀〈創世記〉（Genesis）或〈以西結書〉（Ezekiel），最後在「這些人到底在說什麼呀」的碎唸中放棄了呢？請別難過。你本來就不應該知道他們所講的內容——除非你持有關鍵的解讀鑰匙。

我知道這聽起來相當勢利及菁英主義，但事實就是如此。這些經文是由那些對於宇宙及人類存在的奧祕有著深入了解的祕法家打造而成。在那時代，書寫是保留給神職人員及皇族成員的技能，而他們用詩與寓言來表達日常言語無法容納的思想。他們將那些能夠傳達更深層次的真理之個別文字，以絕妙的技藝組成那些詞句，而到最後，每個字都是由獨特的符號字母所組成，而每個字母還會揭露另一種故事——那故事如此深入，卻又如此精簡，只有數字與數學的純粹語言才能予以述說、予以明白。

當時這些賢者都是專任的神職人員。而他們所寫的這些東西是要給其他專任的神職人員看的，好使每個世代總有一小群人具備足夠的智性、足夠的靈性熱情（以及足夠的閒暇時間），以開始那份終

身探求開悟的使命。我可以跟你保證，如果這些古代祕法家有曾在最糟糕的惡夢中，想到那些原不外傳的加密經文，在未來某段黑暗時期會被愚蠢且殘暴的歐洲食人族拿去，並依字面翻譯成怪誕的種族主義史書的話，那麼他們必會寫出完全不一樣的內容。

學習小雞卡巴拉會使我成為更好的人嗎？

不會！這方面你得自己來哦。

第二章

十嘯

————— 隆·麥羅·杜奎特 —————

> 如果這一切對目前的你來說沒有意義，也別在意，
> 光是記住「了解『一』」
> 是所有卡巴拉神祕家抵達最終目標的前一站，就已足夠。
> 而那個最終目標，就是達到「無」的意識。
> ——教士拉梅得·本柯立孚德

　　教士本柯立孚德宣稱，他在 1989 年的冬季去聖地朝聖，於攀爬西奈山時，稱自己「碰觸山腳而更加明白」數件與經文有關的事情。到了峰頂時，據說至高神以不斷旋轉的牛舌三明治之形象出現在他面前，並向本柯立孚德講約六分鐘的話。教士是這麼說的：

> 從那閃亮如雷射般的光中，上主的光亮舌頭伸了出來，舐舐著蒼翠寂寥的長幅風景。之後，笑得像個瘋子的我躺在地上動也不動，腦中一直轉著律法書末尾最為卑微的字母所具有的愉快語調，以及自己在很後面才學到的可笑課題。

當然這篇故事完全是虛構的。就我所知，本柯立孚德從沒去過以色列，而他在 1989 年的健康狀況並不適合爬任何山。事實上，我有跟他的幾位早期學生談過，他們說那年冬天教士是在美國紐約市住院，理由是情緒崩潰，係於在卡內基・達立餐廳（the Carnegie Deli）突然感到非常不舒服之後，又去到帝國大廈（the Empire State Building）的觀景台所致。

　　儘管如此，本柯立孚德事實上在 1989 年冬天發表一份短篇論述，係關於宇宙萬物的本質以及卡巴拉研究的根本理論。他稱這些論述為「十嘯」（Ten Command-Rants），但它們無疑是天才之作，因為它們也許是迄今對於實相本性最為精準的描述，把複雜且無法理解的概念縮減至它們的本質。而這篇文章在那具有聲譽的卡巴拉雜誌《歌箋》（Gomer）刊出之後，教士拉梅得・本柯立孚德就從古怪、老邁、腦袋燒壞的瘋子，搖身變成古怪、老邁、腦袋燒壞、瘋瘋癲癲的聖人。

　　我認為他在十嘯各條後面寫的評註，是目前已有的卡巴拉介紹文章中寫得最好者。對我來說，它們一直都在提醒自己之所以踏上這趟卡巴拉冒險之旅的初心。我真心建議卡巴拉的學生，即使在祕法已有多年歷練，還是要經常回頭參考它們。

十嘯

以及對於十嘯的評註

———— 第一嘯 ————

全為一。

All is One.

對於熟悉或僅是略懂概念性思想的人而言，這項宣告很難算得上是撕裂帷幕、從彼岸穿透過來的啟示。想像宇宙的每事每物聚在一起成為一個大束西且其背景空無一物，其實還滿容易的。然而「無」（nothing）的概念會使我們的原始腦袋陷入混亂。那麼，非常資淺的小雞卡巴拉神祕家也許會傾向將這道神聖的空無想成是某種負向的「一」（enO），而「一」（One）不知怎地就從這負向當中躍入存在，就像是從某片神祕穿衣鏡背後跳出來那樣。不過，如同等一下會讀到的第二嘯所言，「無」僅是「除了『有』之外」的總和。

———— 第二嘯 ————

第一嘯是謊言。全為無。

The First Command-Rant is a lie. All is Nothing.

天文學家與物理學家會跟我們說，宇宙的「空」比「非空」還要多。事實上，他們現在的說法是，宇宙中的物質與能量有絕大部分（絕對超過九成），不知怎地，是藏在空無裡面。請想想看，連我

十嘯

一、全為一。二、第一嘯是謊言，全為無。三、真的沒有所謂的萬物、時間或空間、天堂或大地——但那裡有一個你。 四、我們之所以感知萬物、時空與天地的存在，係因自身感知能力有著根本的缺陷所致。五、這缺陷無法修復，但能夠克服。

TEN
COMMAND-RANTS

I. ALL IS ONE.

II. THE FIRST COMMAND-RANT
IS A LIE. ALL IS NOTHING.

III. THERE REALLY ISN'T A
CREATION, TIME, OR SPACE,
HEAVEN OR EARTH...BUT
THERE IS A YOU.

IV. WE PERCEIVE THERE IS A
CREATION, TIME, AND SPACE,
HEAVEN AND EARTH BECAUSE
OF A FUNDAMENTAL DEFECT
IN OUR POWERS OF PERCEPTION.

V. THIS DEFECT CANNOT BE REPAIRED,
BUT IT CAN BE OVERCOME.

JB 222

小雞卡巴拉

十嘯

六、如要克服自身有缺陷的感知能力，我們得要自願將它們操到故障。七、天地裡面的每一事物連結天地裡面的每事每物。八、天地裡面的每一事物反映天地裡面的每事每物。九、天地裡面的每一事物含有天地裡面每事每物的模式。十、對任何事物給予足夠的注意，你終會看見每事每物。

們可以看到的物質，事實上也幾乎算是空無。一顆原子裡面的空比質子與電子還要多，而且是多到無止盡的程度。我們的身體所具有的「空」也是比「非空」還要多，例如什麼管啊、什麼囊啊、什麼袋啊、什麼腔啊、什麼室啊、什麼開口啊，還有膀胱跟排泄的地方。身體裡面的每個細胞幾乎是空的，當某個細胞開始分裂以形成更多細胞時，它首先會向內摺疊，以創造出更多珍貴的空來運用。甚至你的腦也是從胚胎細胞的內消行為所創造的空當中長出來的。

雖然一般人認為物質的確存在，然而物理學家卻無法下同樣的定論。原子的組成成分（諸如質子、中子、電子、夸克、魅夸克charm 等等）並不是物質，而是傾向。（下一次因匆忙上車而頭用力撞到車門框時，可以跟你的頭說這一切都是傾向哦！）物理學家使用的詞彙現在已跟祕法家一樣，而那些具有學問的科學人，遲早會清楚公開卡巴拉神祕家於幾世紀以來用隱密的方式表述的事物。

我們所知的一切造物——礦物與金屬、動物與人類、植物與星辰、光線與能量——其成分都僅是那股維持整個宇宙的無形宇宙力量之外殼而已。我們就像是那從「未具現的超級存在」（the unmanifest Super-Being）之身體所掉落下來的死皮細胞。這股凌越實相的力量、空無，是未經稀釋且不受限制的可能性！。它是最終實相，而它的本質是純粹的意識。

當我還是年輕的小雞卡巴拉神祕家（菜鳥）時，卡巴拉最先吸引我的概念就是「每事每物都是『無』中生有。」這使「無」成為最究極的創造者，而不是以羅欣（Elohim）[1]，也不是耶和華（Jehovah）或任何在《舊約聖經》出現的易怒惡霸神明。在宇宙萬物後面有一股不停孕育、難以了解的無——我喜歡這概念。

你可以「構想」上主發瘋地創造萬物，也可以「構想」至高上主（YHVH Elohim）[2]將生命吹進亞當（Adam）的鼻子，甚至也可以「構想」有團鬼鬼祟祟的臭雲擊殺古埃及的長子，但是你無法「構想」無！任何你能構思出來的事物、任何你能擷取並維持在心智之眼的事物，自是不符無限的品質，因此不可能是究極的神。

卡巴拉的傳統給予我們的資訊，則是每事每物都由「太一」（the Great One）而來，「太一」則是由某種——事實上是三種——非常特別的「無」而來。剛起步的小雞卡巴拉神祕家並不需要花太多時間在掌握這個概念，那是因為，首先，它無法被了解；第二，如果你真的了解它，那麼也就不需要學習任何事情了。然而，當你逐漸邁向身為小雞卡巴拉神祕家的冥想巔峰時，那三種「無」的非理性神祕將會逐漸把你吸收。為此，我提供以下說明。

第一種「無」稱為「否在」（Ain, אין）[3]。這種「無」是真的沒有——甚至連無物的概念也沒有。那麼，如果「否在」只是坐在那裡不做任何事情的話，鐵定無法完成任何事情。然而，發生了某事，使得「否在」確實成為「無」（也許是因為它總算醒覺到自己一直以來都是「無」的事實）。而這個新的「無」有了定義，卡巴拉神祕家將它稱作「無限的無」（Limitless Nothing，即 Ain Soph, אין סוף）。第三種「無」則是混種的「無限的無」，稱為「無限的光」（Limitless Light，即 Ain Soph Aur, אין סוף אור）。我則把它看作是那顆往「無限的無」的廣闊無垠照耀的燈泡，而它在那時了解到自己的「沒有」（Nothingness）具有完美的「不在」（Notness）！「沒有」「不在」！而這樣的雙重否定等同在說「有存在！」它鋪好場景，讓宇宙中的第一個正向事物（Positive），即「一」[4]的概念，得以現身演出。

如果這一切對目前的你來說沒有意義，也別在意。光是記住「了解『一』」是所有卡巴拉神祕家抵達最終目標的前一站，就已足夠。而那個最終目標，就是達到「無」的意識。

第三嘯
真的沒有所謂的萬物、時間或空間、天堂或大地……
There really isn't a creation, time or space, Heaven or Earth...

請習慣吧，終極實相是「無」，因此包括時空在內一切可被察覺的現象，都是幻象。如果我們的相機有著夠寬的鏡頭，就能藉由照張相片來證明此點——當然那顆鏡頭不僅得要照到那絕對的一，而且也要照到所有的「無」呢！

第三嘯（續）
……但那裡有一個你！
...But there is a you!

但從另一方面來看，「你」是真實的[5]——是絕對實相的耀眼形象。然而，你必須記得的是，真實的你非常不同，而且奇妙到你那近似人猿的腦部及爬蟲類的神經系統無法掌握的程度。真實的你不只是宇宙意識之力的一個片段——就本質而言，真實的你就是宇宙意識本身！你不是你的身體，也不是你的頭腦或心智，不是你的星光體，也不是瑜伽士或異能者所稱的那些將你包攏在內且更為幽微的事物。身體、頭腦與心智就像萬物、時間、空間、天堂與大地一

樣的不真實。真實的你不吃、不喝、不思、不睡，也不死。我確定當我們知道真實的自己是多麼纖細、光明、無念、不眠與永生時，應該都會感到相當驚奇。

第四嘯

我們之所以感知萬物、時空與天地的存在，係因自身感知能力有著根本的缺陷所致。

We perceive there is a creation, time and space, Heaven, and Earth because of a fundamental defect in our powers of perception.

我們的眼睛無法看見紅外線或紫外線，我們的耳朵無法聽見狗哨或紅木巨樹所產生的超低頻音，而大多數人的鼻子甚至無法聞出可口可樂與百事可樂之間的差別。即使我們運用敏感的高科技設備，能夠看見更多、聽見更多或聞到更多，我們真的會以為自己只要收集足夠的資訊（或發展出足以解讀這資訊的強大智力），就能夠揭露究極實相嗎？醒醒吧！即使能夠像超人那樣看、聽、感知或嗅聞，我們仍是像個夢遊者，盲目、耳聾、麻木地走過自己永遠無法了解的人生。

所以你自然會問「為何這世界有邪惡呢？」或「為何好人會發生壞事呢？」不過還是停止追捧自己吧。即使用感官來收集資訊，並用頭腦去嘗試處理資訊，你還是永遠找不到這些問題的答案。

─────── 第五嘯 ───────

這缺陷無法修復，但能夠克服。

This defect cannot be repaired, but it can be overcome.

注意：對於絕大多數人來說，從不去嘗試克服這缺陷會活得比較開心，也因此使得世上絕大多數的人會眼睛連眨都不眨地輕易相信最不道德的宗教概念。至於其他的人，亦即我們這些勇敢又愚蠢的靈魂，得要有意識地操練自身有缺陷的感知能力來利益自己。而這過程是以卡巴拉的研究與思想來進行。

─────── 第六嘯 ───────

如要克服自身有缺陷的感知能力，我們得要
自願將它們操到故障。

In order to overcome our defective powers of perception
we must be willing to abuse them until they break.

卡巴拉的研究與思想之設計，即是藉由獲得真實的你所具有的意識——那是涵括一切的意識——使你變得比絕大多數人還要瘋狂。當然這不是容易達到的境界，不過呢，你不妨硬著頭皮去做吧，因為這是所有正在進化的意識單位終究要面對的命運——甚至連小雞卡巴拉神祕家也逃不了！

為了要射中這個神祕且全知的目標，就需要你癱瘓一部分的正常思想機制，而其作法就是用你那能力不足到好笑程度的感知能力得到的資料，來使你那能力不足到好笑程度的心智出現過載。如果一切順利的話，你將會對整個沉重的宇宙感到厭倦，其厭倦程度足

以使你那無法勝任此事的心智，設法逃離這種瘋狂，最後就會臣服於超驗意識。[6]

第一步很簡單，你只要加入世上九成九人們的行列即可，把萬物、時間、空間、天堂和大地當成實相來接受。然後，藉由卡巴拉的練習，你對那個「實相」的每個面向予以系統化的仔細研究與分析。你將自己能夠想到的每事每物，連結到自己能夠想到的其他每一事物，直到沒有「任何事物」剩下。

這過程也許乍聽之下相當冗長，其實並非如此，那是因為虛幻的宇宙很樂意為我們提供它自己的三嘯，真是非常有幫助：

◆ 天地裡面的每一事物「連結」天地裡面的每事每物。
◆ 天地裡面的每一事物「反映」天地裡面的每事每物。
◆ 大地裡面的每一事物「含有」天地裡面每事每物的「模式」。

————— 第七嘯 —————
天地裡面的每一事物連結天地裡面的每事每物。
Everything in Heaven and Earth is connected to everything in Heaven and Earth.

這一點很簡單。我們生活在一個全覆式的宇宙，每一事物都連結到其它的每事每物。某片燻鮭魚底下鋪著奶油起司，而奶油起司是抹在某個貝果上、貝果則被我的手指頭拿著、手指頭則連著我的手、手則（藉由我的身體其他部位）連著我的腳，而腳連結到我的鞋子、鞋子則連結到地板，而這地板的所在是販賣熟食的餐廳、這間餐廳是建在地球上、這地球正在宇宙中旋繞，而這宇宙則是涵括並連結到太陽、月亮與眾星，以及這宇宙的所有其他天體。

如果順著這個邏輯推演下去，那麼世上所有的燻鮭魚終究會連結到所有的奶油起司、貝果、手指頭、手、腳、鞋子、地板、熟食餐廳、行星、太陽、月亮、星辰以及位處宇宙任何地方的天體。我們還可以推得，每片燻鮭魚都會因著自身「燻鮭魚質地」的頻率，還有它與其他的燻鮭魚片是間接相連的事實，而跟其他的燻鮭魚片有著特別的親和力。那麼，所有的奶油起司、貝果、身體部位以及外星人的熟食餐廳自然也是如此。

－－－－－ 第八嘯 －－－－－

天地裡面的每一事物反映天地裡面的每事每物。

Everything in Heaven and Earth is the reflection of everything in Heaven and Earth.

　　鋼琴有八十八個鍵，但理論上我們能夠建造出具有無數鍵的鋼琴，其音頻係往更高及更低的兩個方向無盡延伸。然而鋼琴無論造得多大，我們用它演奏的音永遠不會超過十二個[※]。我們也可以在光與色彩的特性，以及有機與礦物生命的行為當中看到類似的平行對應情況。

　　在次原子領域中，電子繞原子核的方式就跟衛星繞著從屬的行星、行星繞著恆星、恆星系（sun system）繞著星系（galaxy）中央的某個不思議事物的方式一模一樣。

※ 譯註：應是指鋼琴係由七個白鍵與五個黑鍵為一組的單元往高頻及低頻重複所構成，所以無論怎麼彈，總是這十二個音。

環顧四週，你正好站在一段重覆不停的模式中央，它除了往巨觀廣大的方向無限延伸之外，也往微觀渺小的方向無盡伸展。如其上、同其下。如果我們研究某個至小的東西，也就同時在研究它的巨大對應事物，反之亦然。

<hr />

第九嘯

天地裡面的每一事物含有天地裡面每事每物的模式。

Everything in Heaven and Earth contains the pattern of everything in Heaven and Earth.

此嘯其實是前一嘯的延伸。如同天地裡面的每一事物反映天地裡面的每事每物，每個反映之物（reflectee）裡面也會含有它所反映之對象的完整藍圖。自從史前時代以來，動物與植物都有這種可供觀察現象，只不過現代的我們有 DNA 的奇妙知識來加持。不僅天地裡面的每一事物含有天地裡面每事每物的模式，每事每物都是天地裡面每一事物的堂（表）兄弟姊妹呢！

<hr />

第十嘯

對任何事物給予足夠的注意，你終會看見每事每物。

Look hard enough at anything and you will eventually see everything.

只有在那之後，親愛的小雞卡巴拉神祕家，你的眼才足夠大到非常靠近……的程度，然後你終於可以當之無愧地休息了。

第三章

形塑之書

隆·麥羅·杜奎特

耶和華發生什麼事？耶和華不是神嗎？
天地不是由耶和華所造嗎？當然不是！
天地是以羅欣所造，而以羅欣是個非常獨特的字。
——教士拉梅得·本柯立孚德

　　卡巴拉不是書，不過形成卡巴拉研究的文學根基之文獻有很多，本書末尾附有範圍較為廣泛的參考書目可供參考。對於無經驗的小雞卡巴拉神祕家來說，他們在一開始會感興趣的書就是《形塑之書》（the Sepher Yetzirah、Book of Formation）。這著作據稱是由那位元老亞伯拉罕（Abraham）所寫的（但是教士本柯立孚德說「這說法是假的！」）不過，《形塑之書》的年代非常久遠——也許是最早以希伯來文寫的哲學論述呢！[1]

　　《形塑之書》之所以特別受到懶惰者與假冒者的注意，係源自它的三項特性。首先，就是它非常短而且算是比較容易理解（而這也是

最重要的特性）。其二，它為我們引介「十輝耀（Sephiroth）或十道放射（Emanations）係從原初的合一湧現」之概念。在比較後面的卡巴拉文獻，十輝耀的概念發展成生命之樹，而是一張非常有幫助的示意圖，特別對小雞卡巴拉神祕家更是如此。[2]

其三，它述說神如何創造希伯來文眾字母，並使用這些字母形成字彙而將宇宙帶入存在的簡單故事。這概念也許聽起來愚蠢好笑，不過這樣的愚蠢好笑卻是卡巴拉世界觀及冥想修習之基礎，而勤奮的學生到最後會著迷於後者。

現在，我要跟你說的是，在道義上你的確有責任去獲取至少一本《形塑之書》的經典譯本，並把它放在書架上的明顯位置。如果你是嚴謹的學生，應該幾乎都會想要讀那本書。然而我得要警告你，即使是最好的譯文讀起來也會非常怪異，因為裡面滿是令人厭倦且看似毫無關聯的散漫敍述。即使《形塑之書》很短，但其真正有用的一切資訊，都藏在一大堆的古語及聽起來好蠢的贅字裡面，我得承認自己還是年輕學生的時候，也曾經這樣哀嘆過。所以你應該可以想像，當有人向我介紹本柯立孚德的美妙且實際的「翻譯」時，我會多麼高興。

如同教士的所有作品，他的「翻譯」自然會有許多爭議之處。本柯立孚德向他的學生發誓，《形塑之書》的這個版本係忠實譯自目前能夠取得的最為古老、最具權威性的手抄本，然而這無疑又是他的另一則顯而易見的可悲謊言。這作品明顯是現代的偽作。（其內容甚至還粗心到披薩以及美國電視競賽節目《危險邊緣》（Jeopardy）的主題曲。）教士的某個學生匿名地跟我說，他相信教士是在 1983 年，於墨西哥恩瑟納達（Ensenada）的某間汽車旅館房間、使自己從

「蒙特祖馬的復仇」（Montezuma's revenge，即旅行者腹瀉）發作中恢復的期間自行製作那份「譯文」。

儘管如此，就像他的十嘯，本柯立孚德對於《形塑之書》的論述切中小雞卡巴拉神祕家需先學習的事物核心。所以我毫不遲疑重印整篇文章，包括他為自己想像出來的機構裡面的學生所寫的撩人致詞。

《形塑之書》

教士拉梅得・本柯立孚德
向所羅巴伯哲學青年學院師生發表的致詞

ויאמר אלהים יהי אור ויהי־אור:

而以羅欣說，「讓那裡有光。」那裡就有光了。
——〈創世記〉1:3

　　我確定身為學生的你們當中有許多人會在心裡想著，為何要從〈創世記〉第一章第三節開始研究，而不是第一節。答案很簡單，第一節是在告訴我們要分開二腿做深蹲（squat）！它告知我們，「太初，以羅欣創造天與地。」[3]

　　這又怎麼樣！那個以羅欣到底是什麼人？它是神嗎？英文版《聖經》的譯者看起來是這樣想的，絕大多數的版本是這樣寫的：「太初，**神**創造天與地。」

　　耶和華發生什麼事？耶和華不是神嗎？天地不是由耶和華所造嗎？當然不是！天地是以羅欣所造，而以羅欣（Elohim）是個非常獨特的字。

　　El（**אל**）[4]是「神」（Deity）的字根。Eloh（**אלה**）是係為女性單數名詞，換句話說，就是「一位女神」（a female Deity; a Goddess）；im（**ים**）是某男性事物有兩個以上時的複數後綴字尾。那麼，以羅欣

（Elohim; אלהים）就應當譯為「眾男神與眾女神」或是「兩性兼具的神」。在後面第二十六、二十七節，以羅欣甚至指稱自己是複數：

「而以羅欣說，讓**我們**照著**我們**自己的形象來造亞當，使他們與**我們**相似，並使他們管理海裡的魚、空中的鳥，還有牛隻以及整片大地，還有爬到地上的各種爬行活物。因此以羅欣祂們依自己的形象創造亞當他們，祂們依男女的形象創造他們。」

And said the Elohim, Let us make Adam in our image, after our likeness: and let them have dominion over the fish of the sea, and over the fowl of the air, and over the cattle, and over all the Earth, and over every creeping thing that creepeth upon the Earth. And created the Elohim Adam in the image of Elohim created they them, male and female created they them.

感到驚訝嗎？任何原本認定神不會有陰道的人、任何相信亞當是類似卡斯特將軍（General Custer，係美軍傳奇人物）之類的歷史人物而非僅是用於指稱人類的名詞的人，都同樣會感到相當驚訝。在發現「太初，兩性兼具的神創造天地」的時候，他們真是怒到把以羅欣跟其他無數特別的名字，一律翻譯成「神」（God）、「主」（Lord）、「上主」（Lord God）或其他此種聽起來像是男性的含糊名字。[5]

除了小道消息之外，第一節完全不讓我們了解這些事情——天是什麼？地是什麼？或是以羅欣如何創造它們？而第二節更加糟糕：

當時大地沒有形體、空虛一片，那深處看似黑暗。而以羅欣的靈移到那汪洋的表面。

And the Earth was without form, and void; and darkness was upon the face of the deep. And the Spirit of Elohim moved upon the face of the waters.

如果大地空虛沒有形體，那麼汪洋從哪裡來？如果那時候的作者是在企圖不讓別人理解的話，那麼這部分算是還滿成功的。

而第三節總算讓我們有東西可咬了：

而以羅欣說，「讓那裡有光。」那裡就有光了。
And the Elohim said, Let there be light: and there was light.

這裡的關鍵字就是「說」，而這就是每事每物被創造出來的方式——以羅欣將每事每物「道」進存在。[6]以羅欣道出了它，它必依此實現。在偉大的創世場景中，話語（words）明顯非常重要。一個字彙就是一道振動，而振動創造並維持這個宇宙。化學元素的原子量也僅是另一種用來測量它們的頻率之方式。聚在一起的分子們則是用相合的振動「膠」黏彼此。這就是「創造性宇宙法則（Logos）或道（Word）」的意思，也就是使徒約翰[7]在寫「太初有道，道與神同在，而道就是神」時所要表示的意思。應該不用解釋吧！

那麼，親愛的學生，雖然你們已經快要睡著，但我還是要問，字彙是由什麼組合出來的呢？就是字母！我們的希伯來字母表（以羅欣怎敢用別的字母表呢？）是由 22 個神聖字母組成，而關於它們

的創造故事並沒有放在《聖經》裡面，而是收錄在一篇名為《形塑之書》的神祕短篇傑作裡面。

幾年前，我居然在墨西哥恩瑟納達的哈桑酒吧（Hussan's Cantina）外面，跟某個神祕的街頭攤販買到這份神聖文獻已知最早的手抄本，上天真是待我不薄。於是我耐著性子，使用附有標準希伯來字型的文字處理程式，將上面所寫的希伯來文字仔細複製到個人電腦。在輸入完畢之後，我僅是全選整篇文字，將其字型一併改為 Times New Roman 字型，然後它就一字不差地譯成以下你會讀到的文字，這真是讓我驚訝的卡巴拉奇蹟呀。

《形塑之書》
Sepher Yetzirah
序言

神，也就是我們會用雅（Yah）、雅曼（Yea-man）、萬軍的耶和華（Jehovah of hosts）、無名貴人（Joe Heavy）、那一個（What-It-Is）、老大哥（the Big Kahuna）、那位明顯到不用講的大能者（the Mighty Duh）、活著的以羅欣（the living Elohim）、宇宙之王（King of the Universe）、全能者（Omnipotent）、一切仁愛與慈悲俱全者（All-Kind and Merciful）、至高者（Supreme）與受讚頌者（Extolled）來指稱的那一位，全能、永恆的祂，真的、真的很神聖，而且非常、非常龐大，真的很大。它同時是這宇宙的國王「與」王后，涵括一切的它如此巨大，因此沒有地方讓它坐下來，因為所有的椅子都在它裡面。由於它遍及各地也不在任何一地、身為萬物也不是任何一物，所以沒有可以跟它一起玩耍的對象——於是這個孤家寡人當中的孤獨者（藉由三個想像出來的朋友——數字、字母與話語——的協助）創造出具有 32 條智慧祕徑（32 Mysterious Paths of Wisdom）的宇宙，係由無中生有的十輝耀及 22 個字母所組成。

神將這 22 個字母分成三部分，即三個母字母（Three Mothers，即根本字母）、七個雙發音字母（Seven Double letters），以及十二個單發音字母（Twelve Simple letters）。

無中生有的十輝耀

這些祕徑當中有十條為無中生有。（神是每事每物，因此它有很多「無」可以玩。）這十條祕徑稱為輝耀或放射。由於它們係屬無中生有，所以它們並不是真正的真實事物。（當然，這也只有神才能確定。）

無中生有的十輝耀在人體的反映即是十根手指與腳趾，分成兩側，一側都有五根。位於兩側手指的中間事物即是舌頭，而位在兩側腳趾的中間事物就是性器官，使人類成為具有創造性的存在——就跟神一樣！

輝耀有十個，不是九個；是十個，不是十一個、十二個，也不是六又八分之七個。請加以深思一番。把它點燃在自己的菸斗裡並吞吐之。一邊思索、一邊傾聽《危險邊緣》的主題曲，將它稍微在你的口腔裡面轉一下，然後才吞下去。直到總算弄清楚、把造物者送回王座以後，我們才能全都可以回家。

但是——在此同時，別去談論它，甚至別去想它。如果你的嘴催促你把它講出來，就拿熱披薩去燙口腔上顎！如果你的心催促你去思索它，就打開電視機！如同那句名言，「你的答案必須以問題的形式呈現。」

1. 始之無限
Beginning Infinite

3. 善之無限
Good Infinite

2. 終之無限
End Infinite

5. 高之無限
Height Infinite

4. 惡之無限
Evil Infinite

6. 深之無限
Depth Infinite

8. 西之無限
West Infinite

7. 東之無限
East Infinite

9. 北之無限
North Infinite

10. 南之無限
South Infinite

　　那麼無中生有的十輝耀是十個方向的無限（依它們在生命之樹的順序來排列）：依如此順序，無中生有的十輝耀看起來就像一道雷光。它們的存在是無盡的，雖然來來去去，神的道總在它們裡面。當神命令它們靠近過來時，它們便拼命跑來，在王座前卑躬屈膝。

　　活神之靈（the Spirit of the Living God）（1）產出風（Air）（2）、風產出水（3）、水產出火或以太（ther）（4）、以太產出高（5）、深（6）、東（7）、西（8）、南（9）與北（10）。

22個字母

剩下的 22 條祕徑，則是希伯來字母表的 22 個字母，它們形成我們能夠想得到及永遠想不到的所有事物之基礎。神秤量它們、測量它們、撥弄它們及戳弄它們，賦予它們數字、為它們分類並打上兩個洞、在它們的護照上蓋章，並按照那些怪異的發聲來安排它們。祂會運用自己的無限永恆之口，而風的氣息將這些字母成形並固定在祂口中的五個位置：喉嚨、上顎、舌頭、牙齒以及嘴唇。

神將 22 個字母分成三部分：三個母字母或根本字母、七個雙發音字母以及十二個單發音字母。

三個母字母

這三個是根本字母。其數為三，不是四、不是十六，甚至也不是三點一四一五九。請用力思索這事，讓它在你的心智翻來覆去、把它丟進果汁攪拌機裡並按下製作果泥的按鈕。當你總算弄清楚時，請為至高者的心律調節器換上一顆新的電池。

這三個基本字母——א מ ש（Aleph, Mem, Shin）——是真正的母音，而且非常酷。神評估它們的溫度及組織樣本，並測量它們的膽固醇指數、賦予數字、認證它們，並用它們形成許許多多的事物，像是乳房、身體、頭、天、地，還有大氣層、熱、冷與濕度——但誰會在意濕度啦！

最重要的是，它們象徵宇宙的原始三元素（the Three Primitive Elements）以及這些元素所代表的意識領域——風（א Aleph）、水（מ Mem）與火（ש Shin）。[8]

這三個基本字母——ש מ א（Aleph, Mem, Shin）——也是著名的三次元雙胞胎（the Three Famous Dimensional Twins），這些雙胞胎因具有無盡延伸的驚人能力，而創造出足夠活動的宇宙空間，使整個宇宙能具現在裡面。它們的名字分別是：א Aleph——上下（Updown）、מ Mem——東西（Eastwest），以及 ש Shin——北南（Northsouth）。汝懂否？需圖乎？參見圖三乎。

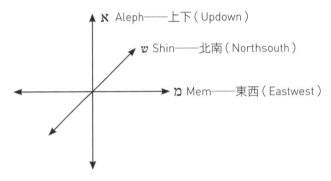

圖三：著名的三次元雙胞胎

七個雙發音字母

雙發音字母有七個。其數為七，不是八、不是六，也不是 F10。用你的旗竿吊起它們。用它們來清理你的上顎。將它們結紮或絕育，並為造物主的保釋付錢。

七個雙發音字母——בגדכפרת（Beth, Gimel, Daleth, Kaph, Peh, Resh, Tau）——比較讓人感到困惑，而且能夠用強音或弱音來表現。由於它們自己無法做出決定，所以它們象徵七對極性：生—死、和平—戰爭、智慧—愚蠢、富裕—貧乏、美—醜、多產—不孕，以及統治—奴役。

這七個雙發音字母也代表六個面向（即著名的三次元雙胞胎各自行動、將自己延伸出去而創造出來的面向）。ב Beth 為「上」（Above）、ג Gimel 為「下」（Below）、ד Daleth 為「東」（East）、כ Kaph 為「西」（West）、פ Peh 為「北」（North）、ר Resh 為「南」（South），而辛勤工作的ת Tau 則站在中央（Center）將大家鞏固在一起。汝需吾另圖說明否？請見圖四乎。

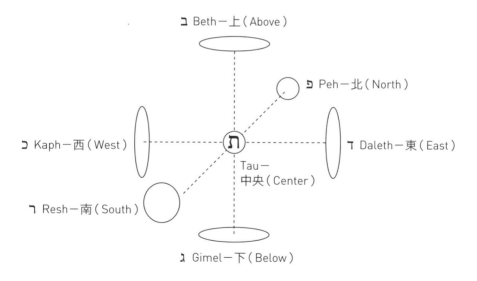

ב Beth—上（Above）
פ Peh—北（North）
כ Kaph—西（West）
ת Tau—中央（Center）
ד Daleth—東（East）
ר Resh—南（South）
ג Gimel—下（Below）

圖四：中央及六個面向

七個雙發音字母也代表許多其他的東西，例如一週的七天，還有鼻孔及其他的身體孔洞——但誰會在乎這個啦！最重要的是，它們象徵太陽系的七行星，以及這些行星所代表的意識領域：ב Beth 代表「水星」（Mercury）、ג Gimel 代表「月亮」（the Moon）、ד Daleth 代表「金星」（Venus）、כ Kaph 代表「木星」（Jupiter）、פ Peh 代表「火星」（Mars）、ר Resh 代表「太陽」（the Sun），ת Tau 代表「土星」（Saturn）。[9]

十二個單發音字母

　　單發音字母有十二個。其數十二，不是十一、不是……我相信你懂的。寄送備忘錄。用牙刷刷牙、用牙線剔牙。用洗髮精洗頭，再把頭髮吹得蓬鬆，然後改寫造物主的燙髮紀錄。

　　十二個單發音字母 ── הוזחטילנסעצק（Heh, Vau, Zain, Cheth, Teth, Yod, Lamed, Nun, Samekh, Ayin, Tzaddi, and Qoph）──則被分配到前述六個面向（係由著名的三次元雙胞胎各自行動所創）相互以直角交錯密合時會創造出來的斜向方位，也就是六面體的「邊」：ה Heh 為「北東」（Above）、ו Vau 為「南東」（Below）、ז Zain 為「東上」（East Above）、ח Cheth 為「東下」（East Below）、ט Teth 為「北上」（North Above）、י Yod 為「北下」（North Below）、ל Lamed 為「北西」（North West）、נ Nun 為「南西」（South West）、ס Samekh 為「西上」（West Above）、ע Ayin 為「西下」（West Below）、צ Tzaddi 為「南上」（South Above）、ק Qoph 為「南下」（South Below）。至此，汝懂否？需另圖乎？請見圖五乎。

十二個單發音字母也象徵許多其他事物，像是一年的十二個月、紙盒裡面的蛋，還有人體裡面的器官——但誰在乎呀！

最重要的是，它們象徵那十二個星座，也就是黃道的十二星座，以及這些星座所代表的意識領域：ה Heh 代表「牡羊座」（Aries）、ו Vau 代表「金牛座」（Taurus）、ז Zain 代表「雙子座」（Gemini）、ח Cheth 代表「巨蟹座」（Cancer）、ט Teth 代表「獅子座」（Leo）、י Yod 代表「處女座」（Virgo）、ל Lamed 代表「天秤座」（Libra）、נ Nun 代表「天蠍座」（Scorpio）、ס Samekh 代表「射手座」（Sagittarius）、ע Ayin 代表「摩羯座」（Capricorn）、צ Tzaddi 代表「水瓶座」（Aquarius）、ק Qoph 代表「雙魚座」（Pisces）。

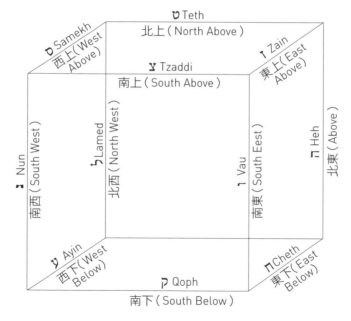

圖五：十二個邊。
係由中央與六個面向在三對維度雙胞胎做出延伸的動作之後所造。

《形塑之書》到此結束。如果這些資訊還不夠你忙一輩子的話，那麼，汝之閒時也忒多乎！

—— Hecho en México（本篇係於墨西哥製作。）

第四章

希伯來字母表

―― 隆·麥羅·杜奎特 ――

♪ Tau 看起來像是正把一條死海豚從尾鰭處抓起來的 ㄱ Resh。

―― 教士拉梅得·本柯立孚德

　　這是逃不掉的，小雞卡巴拉神祕家再懶都要學習希伯來字母表，以及至少一些相關的傳統對應。[1] 如同教士拉梅得·本柯立孚德在〈常見問答集〉所言，這不代表你將要學習希伯來語並用於溝通及閱讀，事實上，一旦學會希伯來字母表以及它的卡巴拉與數字祕訣，你應該會花很多時間在運用希伯來字母的對應以檢視英文字彙及字母。

　　為了你的研究，另一件絕對必須的事物，就是小型的基本參考書庫。雖然你現在沒有參考書籍，但是對於它們的需求很快就會出現。當然，你會在逐漸走入卡巴拉式狂熱的過程中蒐集更多書，然而下列書籍（當然還有這本書）將足以讓你啟程上路：

Aleister Crowley, *777 and Other Qabalistic Writings* (York Beach, ME: Samuel Weiser 1990)；

David Godwin, *Godwin's Cabalistic Encyclopedia* (St. Paul: Llewellyn, 1994)；

Ehud Ben Yehuda, *Ben- Yehuda's Pocket English-Hebrew Hebrew-English Dictionary* (New York: Pocket Books, 1991).

我們須記得的是，本柯立孚德之所以撰寫這篇計有二十五頁的短論文，僅是為了幫助那些剛起步的學生記憶如何去認得並正確繪出每個希伯來字母，我個人認為他做得非常成功。他的有些描述會引出怪異的影像，想忘都忘不掉，像是「ת Tau 看起來像是正把一條死海豚從尾鰭處抓起來的 ר Resh。」或是「ל Lamed 看起來像是一條正在重新思考剛才吞下磚頭的舉動是否正確的蛇。」

雖然這是一篇卡巴拉專論，然而它絕對不是無所不包的作品。他對於那些字母的評註大多會侷限在它們的基本定義。除了三不五時會簡短地對那些原初的意義如何被用在宇宙、心理學或性的原則上發表意有所指的意見，他大多都是提供一些像是開胃菜的材料，讓我們願意繼續深入思考下去，而他自己也覺得這樣就心滿意足了。

然而這當中有個驚人的例外，就是他對於字母 Yod 的評註。我個人非常鼓勵讀者仔細閱讀、反覆閱讀那一部分。該篇原文只有 210 個字彙，然而本柯立孚德卻輕描淡寫地揭露出關於創造的無上象徵祕密，亦即請我們注意那存於自然界中最神祕的數字，也就是數學家所知道的希臘字母 Phi（φ）、建築師所知道的黃金律（the Golden Mean）或黃金分割（the Golden Section）。此數（或比例）為

1.6180339887499，它就像無理數 Pi（π）那樣看似從整個宇宙的基本架構中浮現出來並為其設置相應的模式。然而跟其他概念性數字不同的是，Phi 所設置的模式，會由所有活物、所有會一次一次生長及發展的事物自然顯現且普遍一致。而此類生長模式中最顯著的例子之一即是鸚鵡螺（nautilus）的殼，如果將殼從中剖開的話，就會看到令人屏息、不斷重複的美妙模式，看起來就像是許多拉長的希伯來字母 Yod 或是英文字母 G。在更大的規模中，我們也可從巨大螺旋星雲的形成中發現它。說實在的，它是眾模式當中的根本模式，堪為「宇宙的偉大建築師」（Great Architect of the Universe）——這是共濟會用來指稱神的名字——的 G 字簽名。就我所知，如此意義深遠且根本的關聯，本柯立孚德是第一個有如此表示的卡巴拉神祕家（或自稱的卡巴拉神祕家）。

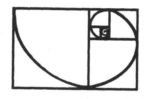

圖六：Yod、黃金律、陰陽

對於本柯立孚德對於希伯來字母與卡巴拉研究的其他元素所提到的性暗示，有人會認為頗有粗魯及冒犯之意，我想這是在所難免。我得承認，乍看之下，他的確看似過度強調陽具及陰戶、子宮與精子等諸如此類的事物。由於他現在已經無法親自來維護自己的立場，我覺得自己必須代表教士來說一些話。

近兩千年來，那些引領西方文明靈性生活的人們努力嘗試使人類生命脫離自然以及神，並把它們兩個放在天秤的兩邊。我們得到

的教導是，我們比其他活物更優越，「因為」我們是依神的形象所造，而且能夠恣意利用環境以及周遭的生物。同時，我們也被告知神處在我們身外，亦即我們與祂是永遠分開——只是因為神話時代的祖先犯下一次不服從的模糊罪行，使得現在的我們光是出生就會受到這樣的詛咒。而本柯立孚德的第七、八、九嘯則清楚揭穿這種靈性精神分裂，認為這是有害身心的殘酷詭計。

天地裡面的每一事物連結天地裡面的每事每物。
天地裡面的每一事物反映天地裡面的每事每物。
天地裡面的每一事物含有天地裡面每事每物的模式。

沒有事物能跟任何其他事物分離，包括人類的所有面向。在宗教的框架下討論性方面的事情，應當跟討論雕塑、數學或物理方面的事情同樣適當。畢竟我們已經花很多時間想著性，那麼我們對於任何主題的冥想也應多為性的影像所承繼的宇宙真理，唯有如此才算合理。本柯立孚德喜歡誤引佛洛伊德的話，並常告訴他的學生，「有的時候，雪茄就是雪茄而已……不過，有些時候，雪茄會是宇宙的至高創造力量。」

我誠心接受本柯立孚德的健康態度以及不拘小節的坦誠。此外，敝人在這方面還算是有一點權威的專家，而我認為他在這領域所說的話語都顯示出相當深入的領會。如果你是嚴謹的學生，我建議你要仔細思量他的話語。至於那些對教士的評註還是會感到冒犯或窘迫的人們，我會跟你們說，「感謝您購買這本書——好啦，請成熟一點吧！」

與希伯來字母表相遇

簡介希伯來字母表的字母們——
其形狀、意義與對應

——教士拉梅得・本柯立孚德

神是用希伯來語講話嗎？

當然不是！神是小雞卡巴拉神祕家，不會在意這件事。你真的認為眾雲裡面有個留著白鬍鬚的巨人，運用本—耶胡達（Ben-Yehuda）希伯來文辭典的某個天界版本，吐出名詞與動詞來創造這宇宙及萬物嗎？我不認為你會這麼想。這世界的創造命令、神的語言，並不在那些呼嚕聲、咯咯聲、嘶嘶聲與嘆氣聲裡面，而是使用數字的語言。數字完成這一切。希伯來字母表之所以特別，並不在於它的發音、拼字或文法，而是它與數字有著密切的關係。

如果神在太初之時有「說」了什麼，應該會像這樣，「讓那裡有三。」只要說這樣就夠了，那是因為，如同我們在《形塑之書》所學到的，三次元會自行從中央點擴展出去，並立刻形成七個一組與十二個一組的空間對應——所以就是一組共計 22 個套件的精巧創世工具箱。

就讓我們開始研究一下希伯來字母表。在一開始，我們會看到 22 個字母被分成三類：三個母字母、七個雙發音字母以及十二個單發音字母。3—7—12，還真巧啊。

三個母字母（3 MOTHER LETTERS）
（代表原始三元素）

א Aleph	מ Mem	ש Shin
⏃	▽	△
風（Air）	水（Water）	火（Fire）

七個雙發音字母（7 DOUBLE LETTERS）
（代表原始三元素）

ב Beth	ד Daleth	כ Kaph	פ Peh	ג Gimel	ר Resh	ת Tau
☿	♀	♃	♂	☽	☉	♄
水星	金星	木星	火星	月亮	太陽	土星
Mercury	Venus	Jupiter	Mars	Moon	Sun	Saturn

十二個單發音字母（12 SIMPLE LETTERS）
（代表黃道十二星座）

ה	Heh	♈	牡羊座 Aries	ל	Lamed	♎	天秤座 Libra
ו	Vau	♉	金牛座 Taurus	נ	Nun	♏	天蠍座 Scorpio
ז	Zain	♊	雙子座 Gemini	ס	Samekh	♐	射手座 Sagittarius
ח	Cheth	♋	巨蟹座 Cancer	ע	Ayin	♑	摩羯座 Capricorn
ט	Teth	♌	獅子座 Leo	צ	Tzaddi	♒	水瓶 Aquarius
י	Yod	♍	處女座 Virgo	ק	Qoph	♓	雙魚座 Pisces

圖七：這22個字母與十輝耀結合起來，就創造出生命之樹。

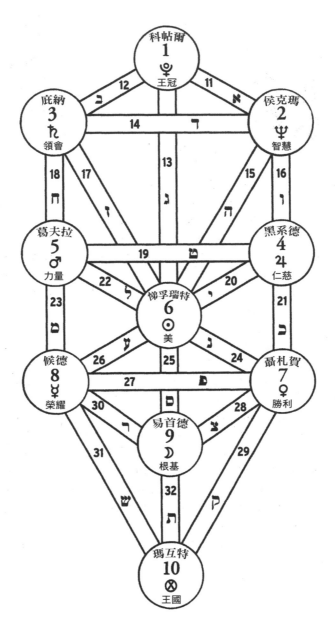

圖八：生命之樹

1

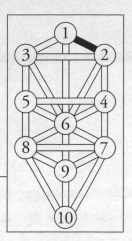

Aleph—A

Aleph 是第十一條路徑，它將科帖爾（Kether，王冠 Crown）連結到侯克瑪（Chokmah，智慧 Wisdom）。

Aleph 看起來跟其他希伯來字母一點都不像，所以容易辨認。它有一條長長的對角粗線，看起來像是一根香蕉，而且它把兩個小的 Yod 隔開。右上的 Yod 藉由一條細線（這個 Yod 看起來就像被竹籤插著）連到那根香蕉的中間。左下的 Yod 則像人腳那樣底下扁扁的，並從香蕉的左肩下方與其相連。

Aleph 的拼法為 אלף（ALP），這三個字母的數值總和為 111（若是用 Peh 字尾形式的數值，總和會變成 831），意思是「壯牛」（ox）。在古代文中，拉著犁田耕地器具的強壯牛隻，會是豐饒的創造之力的無上象徵。Aleph 是氣音字母，算是希伯來文眾字母中最接近母音者。當壯牛所拉的犁插入土地，使空氣得以進入時，生命的氣息亦是如此透入我們，使我與你有了生命。啊～管他的！我還是講清楚好了—— Aleph 的風不僅是圍繞地球的蒼穹氣層，它其實是生命力（Life-Force）本身、印度教徒說的「氣」（Prana），是聖靈之所以為聖的有效成分。要好好尊敬它啊！

Aleph 是三個母字母之一，代表風元素。

塔羅牌的大牌對應：愚者（The Fool）

2

Beth—B

Beth 是第十二條路徑，它將科帖爾（王冠）連結到庇納（Binah，領會 Understanding）。

注意它的頂層，那是一個延長的 Yod，它滑向右邊並滴下來而順勢形成一隻腳。這隻腳則是連到字母的底層，也就是一個長的右傾平行四邊形。那隻腳是連在四邊形的「近右側」，而不是連「至右側」。

這是 ב Beth，不要跟 כ Kaph 搞混囉！

Beth 的拼法為 בית（BYTh），這三個字母的數值總和為 412，意思是「房屋」（house）。它的形狀意指洞穴，也就是最早的房屋形式。在聖經時代，所謂的房屋通常是帳篷。房屋基本上算是容器，然而它也是提供遮蔽、保護與休息的地方，而它最重要的功能即是提供一個可以生活、存在的地方。Beth 是宇宙的基礎結構，是存在、生命的容器、原子、活著的細胞，也是身體。占星家將天空劃分為十二「宮」（houses）。家族的血緣傳承及家人也會總稱為「家」（house），像是聖經提到的大衛家（the House of David），或是法蘭克斯坦之家（the House of Frankenstein）※。

Beth 是七個雙發音字母之一，代表水星。

塔羅牌的大牌對應：魔法師（Magician）

※ 譯註：這應指美國的同名電視節目或電影。

3

Gimel—G

Gimel 是第十三條路徑，它將科帖爾（王冠）連結到悌孚瑞特（Tiphareth，美 Beauty）。

Gimel 是從上面的 Yod 開始寫，然後從底部流下淚水，而拉長的淚水成為腳，連結到某個短的右傾平行四邊形，也就是這字母的底部。這裡要注意的是，那隻腳僅是部分與底部的上右邊連著而已：

這是 ג Gimel，不要跟 נ Nun 搞混囉！

Gimel 的拼法為 גמל（GML），這三個字母的數值總和為 73，意思是「駱駝」（camel），也有「結合」（to couple）、「合作」（team up）的意思。就跟前面提到的壯牛一樣，駱駝也是被馴養來服務人類的動物，然而壯牛被用在提供食物的目的，駱駝則是被用於聯絡、交通的目的。駱駝是「沙漠之舟」，是能夠越過那遼闊的沙之深淵以維繫生命與商業的運輸工具。而生命之樹上面那條由 Gimel 代表的路徑，也是橫過那道深淵（Abyss），將科帖爾連結到悌孚瑞特。

在亞蘭語（Aramaic，據稱是耶穌所用語言）中，「駱駝」跟「繩索」的拼法完全一樣，都是 gamla。因此，我個人推測耶穌在〈馬太福音〉19:24 所説的話應是「『繩索』（不是駱駝）穿過針眼比有錢人進上帝的國還容易呢！」這比較有道理吧！只不過我不在當場，所以沒法確定。

Gimel 是七個雙發音字母之一，代表月亮。

塔羅牌的大牌對應：女祭司長（High Priestess）

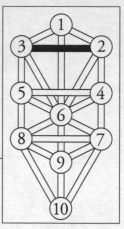

Daleth—D

Daleth 是第十四條路徑，它將侯克瑪（智慧）連結到庇納（領會）。

Daleth 有個厚實的頂部，右邊連著一條腿。這邊要注意的是，那條腿是連在頂部的「近右側」，而不是連「至右側」，所以腳上面的頂部右側還會突出來一點。

這是 ד Daleth，不要跟 ר Resh 搞混囉！

Daleth 的拼法為 דלת（DLTh），這三個字母的數值總和為 434，意思是「門」（door）。門是能夠用來阻擋或接受東西進進出出的閥，可以是帳篷的布門、門檻或大門。在從家裡走出自家大門時，你就從家的同質性移動到世界的多樣性，反之亦然。

對人類而言，最重要的「門」就是女人的子宮與（或）陰道。它接受具有授孕力的男性小頭進入其中，九個月之後，小生命就從這道門進入世界，我們都是這樣來的。

Daleth 是七個雙發音字母之一，代表金星。

塔羅牌的大牌對應：女帝（Empress）

5

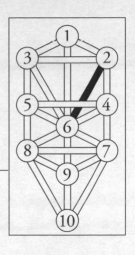

Heh—H, E

Heh 是第十五條路徑，它將侯克瑪（智慧）連結到悌孚瑞特（美）。

Heh 的畫法完全像 Daleth，只是多了一條左腿。請注意它的左腳沒有碰到頂部。

這是 ה Heh，不要跟 ח Cheth 或 ת Tau 搞混囉！

Heh 的拼法為 הה（HH），這二個字母的數值總和為 10，意思是「窗戶」（window），還有呼吸（to breathe）、存在（to exist）、成為（to become）、欲求（to desire）。窗戶是透明的門，是我們藉以向外觀看世界的眼睛。我們從房屋裡面，透過窗戶看向外頭正走過來的訪客，就可決定讓誰進屋或吃閉門羹。窗戶也讓光與空氣能夠透入房屋。此外，Heh 也代表導航或占星會用的「星體辨識」（the identification of a star，譯註：常見術語應為 Star Identification）。

它的形狀指出「開口」的概念，即左側的小開口及下方的大開口。所以它暗示一切具有接受性、女性特質或帶有負電的事物。

Heh 是十二個單發音字母之一，代表牡羊座。

塔羅牌的大牌對應：皇帝（Emperor）

6

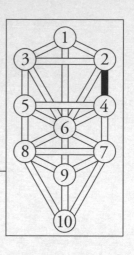

Vau—V, W, U, O

Vau 是第十六條路徑，它將侯克瑪（智慧）連結到黑系德（Chesed，仁慈 Mercy）。

Vau 的寫法是從上面的 Yod 開始寫，而底部的淚則延長成一隻右腳。要注意那隻腳是連在上方 Yod 的右側。

這是ㄱVau，不要跟ㄱZain 搞混囉！

Vau 的拼法為 ㄱㄱ（VV），這二個字母的數值總和為 12，意思是「釘子」（nail）、「鉤」（hook）或「別針」（pin）。鉤子能把東西掛在高處，而尖銳的釘子與別針是藉由穿刺把兩個物體固定在一起。它也因形狀肖似而象徵陽具。這暗示合一（union，即瑜珈 yoga），而與神合一是所有祕法者的目標，特別是小雞卡巴拉神祕家。理論上，這過程很簡單，亦即找到適當的 Vau，然後你就可以把自己跟神釘在一起！Vau 這個字母即是希伯來文連接詞「與、及」（and）的意思，如果我們記得這一點，就會對它的連結概念更加深刻。

它的形狀指出「穿透」的概念，暗示一切具侵入性、男性特質或帶有正電的事物。

Vau 是十二個單發音字母之一，代表金牛座。

塔羅牌的大牌對應：教皇（Hierophant）

7

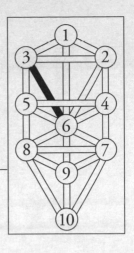

Zain—Z

Zain 是第十七條路徑，它將庇納（領會）連結到悌孚瑞特（美）。

Zain 是 Yod 的底部中央掉下一隻腳。

這是 ㄱ Zain，不要跟 ㄱVau 搞混囉！

Zain 的拼法為 ㄱㄧ（ZYN），這三個字母的數值總和為 67（若是用 Nun 字尾形式的數值，總和會變成 717），意思是「劍」（sword）。劍是能用於攻擊與防禦的武器，是訴諸力量的武器。它的揮動可以用於威懾，它的行使可以用於執行當權者的決定。劍還是用於分割的器具，也就是把某東西從另一東西分開（就像把敵人的頭跟他的肩膀分開那樣），然而思辨與分析也是劍，因它們會切分想法。在某種意義上，它是 Vau 的相反，因為 Vau 是將事物結合起來。

Zain 是十二個單發音字母之一，代表雙子座。

塔羅牌的大牌對應：戀人（Lovers）

8

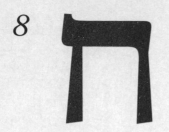

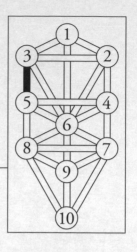

Cheth—Ch

Cheth 是第十八條路徑，它將庇納（領會）連結到葛夫拉（Geburah，力量 Strength）。

Cheth 的寫法幾乎就跟 Heh 一樣，只差在它的兩隻腳都有碰到頂部。

這是 חCheth，不要跟 הHeh 或 תTau 搞混囉！

Cheth 的拼法為 **חית**（ChYTh），這三個字母的數值總和為 418，意思是「田地」（field）及「圍欄」（fence）。具有圍欄的田地意謂著那是用於耕種的土地，是一塊被分出來、立起界線，並被「壯牛」犁過的土地。圍欄把某塊土地包圍起來，將其與鄰近區域隔開，而它可以是牆壁、樹籬、膜、貝殼、子宮、甲殼、要塞、城堡。它將神聖生命與光包圍起來，保護它們不受外面的危險與黑暗之影響。Cheth 也意指生命力本身及任何活物。

Cheth 是十二個單發音字母之一，代表巨蟹座。

塔羅牌的大牌對應：戰車（Chariot）

9

Teth—T

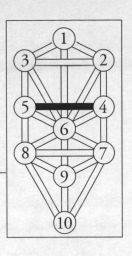

Teth 是第十九條路徑，它將黑系德（仁慈）連結到葛夫拉（力量）。

Teth 有個厚實的長方形底部，而且底部的左邊長出一個迷你的 Zain，右邊則冒出一道朝左迅速翻落的浪頭。我認為它看起來像是一隻游在水上的鴨子正回頭望向卡在鴨尾尖端的那顆大 Yod 的輪廓圖。這裡要注意的是，這隻鴨子的嘴喙並沒有碰到鴨尾尖端的 Yod。

這是 ט Teth，不要跟 מ Mem 搞混囉！

Teth 的拼法為 טית（TYTh），這三個字母的數值總和為 419，意思是「蛇」（serpent）。人類是脊椎動物，而我們的脊柱藏有無法想像的能量與力量。我們是具有手腳的蛇，而這條蛇的能量是連結我們與生俱來的神聖事物之關鍵。蛇的奧祕就像吞食自身尾巴的蛇那樣沒有止盡，那引誘夏娃的蛇跟摩西高掛在杆上的蛇是同一隻，也是耶穌跟我們說要「睿智如蛇」時所指的那一隻。

有趣的是，古人居然曉得單一精細胞的外觀像是非常小的蛇，卻具有巨大（如獅子般）的頭部。

Teth 是十二個單發音字母之一，代表獅子座。

塔羅牌的大牌對應：力量（Strength）

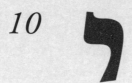

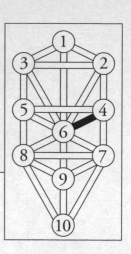

Yod—Y, I, J

Yod 是第二十條路徑，它將黑系德（仁慈）連結到悌孚瑞特（美）。

　　Yod 是一道火焰，將它吹動就能創造希伯來字母表裡面的其他字母。Yod 是我個人喜愛的希伯來字母，因為它是如此簡單。它是原初創世的完美模組——從一點延伸到成為旋繞無休的動作。它就是 Phi（黃金比例）、黃金螺旋的種籽，是你的祖父所戴共濟會戒指上面的神祕 G 字、是陰陽、是人類胚胎、是公羊頭角與鸚鵡螺的藍圖，還有在你的咖啡裡面旋繞的鮮奶油，以及煙、空氣與水的翻滾動態。它設定我們指頭上的指紋、我們的ＤＮＡ，以及龐大星系的形狀。它是原始的男性——濕婆（Shiva）神聖之火，歡愉投入女性——沙伽蒂（Shakti）神聖之水的海洋裡。

　　Yod 的拼法為 ㄗ（YVD）（不是某種大眾健康問題的縮寫），這三個字母的數值總和為 20，意思是「手」（hand）。若以卡巴拉的邏輯來看，Yod 對於神來說，就像手對於人類那樣，是至關重要的創造工具。講到這裡還跟得上吧？不過人的手僅是最為平凡的創造工具，而創造之手還有更為隱密、深奧的對應，那就是精子，而我相信 Yod 是最適合的象形符號。

　　Yod 是十二個單發音字母之一，代表處女座。

塔羅牌的大牌對應：隱者（Hermit）

20

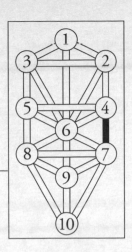

Kaph—K

Kaph 是第二十一條路徑，它將黑系德（仁慈）連結到聶札賀（Netzach，勝利 Victory）。

Kaph 看起來很像 Beth，唯一的差別在於 Kaph 的腳連在底部最右邊的地方。

這是 ⊃ **Kaph**，不要跟 ⊐ **Beth** 搞混囉！

> ך 是 Kaph 的字尾形式

希伯來字母裡面有五個字母於出現在字彙末尾時具有不同的形式，代表的數值也跟著不同，Kaph 就是其中之一。這五個字母的字尾形式都會比正常形式要來得長些或寬些。Kaph 的字尾形式看起來就像頂部縮短、腳伸長的 Daleth。Kaph 字尾形式的數值是 500。

Kaph 的拼法為 ךכ（KP），這二個字母的數值總和為 100（若是用 Peh 字尾形式的數值，總和會變成 820），意思是「手掌」（palm）。Kaph 看起來就像是一隻正張開要去抓東西的手之輪廓，而姆指成為這字母的底部（那是處在創造過程的 Yod 之手）。以下敘述雖然可能聽起來粗俗，然而我們得要記得的是，對於年輕男子而言，手掌會是他們的第一個性伴侶。而手相家也會馬上指出，我們可以從手掌中讀到自己的命運。而 Kaph 與木星（還有塔羅牌的命運之輪）的關聯也會加深這樣的聯想。

Kaph 是七個雙發音字母之一，代表木星。

塔羅牌的大牌對應：命運之輪（Wheel of Fortune）

30

Lamed—L

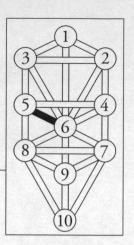

　　Lamed 是第 22 條路徑，它將葛夫拉（力量）連結到悌孚瑞特（美）。

　　Lamed，它上面的那顆小 Yod 高過其它字母，所以很容易認得它。Lamed 看起來像是一條正在重新思考剛才吞下磚頭的舉動是否正確的蛇。

　　Lamed 的拼法為 למד（LMD），這三個字母的數值總和為 74，意思是「趕牛棒」（ox goad）的意思，還有「去教導」（to teach）、「使有紀律」（to discipline）之義。趕牛棒是帶刺的棍棒，用來戳動壯牛（א—Aleph）沿著田地的直窄溝痕行走。如果沒有趕牛棒的話，壯牛會是未馴化的動物（而 Aleph 會完全失控地到處跑）。這指出 Lamed 與 Aleph 之間有著特別的關係。אל（AL）是至聖之神的名字，而 לא（LA）則代表「不、不是」（not）。Lamed 確保 Aleph 的聖靈無限之力會被導進我們所認知的自然形態。

　　我很榮幸擁有拉梅德（Lamed）這個名字，因為它也有「教師」及「學者」的意思。

　　Lamed 是十二個單發音字母之一，代表天秤座。

塔羅牌的大牌對應：正義（Justice）

40

Mem—M

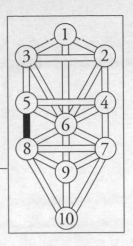

Mem 是第二十三條路徑，它將葛夫拉（力量）連結到候德（Hod，榮耀 Splendor）。

在我們的印象中，Mem 看起來很像 Teth，然而它們有三處不同：一、Mem 的底部是平行四邊形；二、Mem 的左腳沒有連到底部；三、朝左翻的浪頭有碰到上左方的 Yod。

這是 מ Mem，不要跟 ט Teth 搞混囉！

ם 是 Mem 的字尾形式

如果我們還有想到那隻在水上游泳的鴨子，那麼現在牠的嘴喙已經碰到背後，並把尾部完全扯離。

Mem 是第二個具有不同字尾形式的字母。當它出現在字彙的末尾時，會看起來像個拉長且底部為矩形的 Samekh。Mem 的字尾形式數值為 600。

Mem 的拼法為 מים（MYM），這三個字母的數值總和為 90（若是用 Mem 字尾形式的數值，總和會變成 650），意思是「水」（water）。它也暗喻一切液狀事物，特別是賦予生命或支持生命的液體，像是血液、精液或葡萄酒。

Mem 是三個母字母之一，代表水元素。

塔羅牌的大牌對應：吊人（Hanged Man）

50

Nun—N

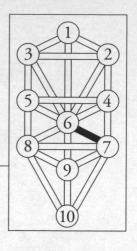

Nun 是第二十四條路徑，它將悌孚瑞特（美）連結到聶札賀（勝利）。

Nun 看起來很像 Gimel，唯一的不同在於 Nun 的腳穩穩連著底部

這是 ב Nun，不要跟 ג Gimel 搞混囉！

> ן 是 Nun 的字尾形式

Nun 是第三個具有不同字尾形式的字母。當它被用在字彙的末尾時，會看起來像是腳拉很長的 Vau，也像牙醫用來伸進你的口中、末端有小鏡子的長柄工具。Nun 的字尾形式數值為 700。

Nun 的拼法為 נון（NVN），這三個字母的數值總和為 106（若是用 Nun 字尾形式的數值，總和會變成 756），意思是「魚」（fish）。大家都知道，魚會生下多到不行的後代，而 Nun 也象徵多產與新生。魚死掉之後會迅速腐爛，出現難聞的氣味，而 Nun 也是代表腐朽衰敗的字母。然而這些象徵其實沒有矛盾，只要你有聯想到以下的事實——肥料雖然氣味難聞，卻能幫助作物生長。

Nun 是十二個單發音字母之一，代表天蠍座。

塔羅牌的大牌對應：死神（Death）

60

Samekh—S

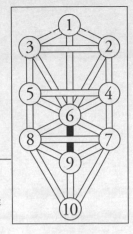

Samekh 是第二十五條路徑，它將悌孚瑞特（美）連結到易首德（Yesod，根基 Foundation）。

Samekh 有著跟 Heh 與 Cheth 一樣的頂部與右腳，而右腳是連在底部粗厚的平行四邊形之頂邊，左腳則是從底部的左邊往上碰到頂部的下左方。

這是 ‏ס‎ Samekh，不要跟 Mem 的字尾形式 ‏ם‎ 搞混囉！

Samekh 的拼法為 ‏סמך‎（SMK），這三個字母的數值總和為 120（若是用 Kaph 字尾形式的數值，總和會變成 600），意思是「帳篷樁」（tent peg）或「支柱」（prop）。在聖經時期，帳篷樁是十分重要的有力象徵，因為帳篷樁是把帳篷撐好時絕對不能少的工具，不僅確保帳篷會朝向天空撐起來，同時也將帳篷固定於大地。

當我們思索這字母本身具有非常女性的形狀時，就會覺得它那尖突陽具的象徵意義頗有矛盾，亦即帳篷樁與支柱均是陽具的象徵，然而 Samekh 本身的形狀卻暗示一切圓狀、環狀的事物，像是蒼穹、陰道、子宮。

Samekh 是十二個單發音字母之一，代表射手座。

塔羅牌的大牌對應：節制（Temperance）

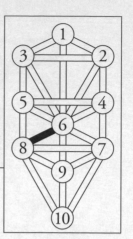

Ayin—
Ay, Au, O, Ng

Ayin 是第二十六條路徑，它將悌孚瑞特（美）連結到候德（榮耀）。

Ayin 非常有特色，係由一根向右斜的香蕉建構起來，有一個 Yod 連到那根香蕉的頂端，還有一個 Zain 從香蕉中段上方刺下去。它看起來非常像英文小寫字母 y。

這是 ע Ayin，不要跟 Tzaddi 的字尾形式 ץ 搞混囉！

Ayin 的拼法為 עין（AYN），這三個字母的數值總和為 130（若是用 Nun 字尾形式的數值，總和會變成 780），意思是「眼」（eye）。眼睛並不像窗戶（Heh）那樣容許光與影像出入房屋，它比較是單向的設計。我們裡面的存在透過眼睛朝外看向世界。因此（以及其他許多理由），Ayin 在傳統上也關聯到「尿道開口」（urinary meatus），即位於陰莖頂端的開口，而精液就從那裡出去，進行單向的卵子聖地冒險之旅。Ayin 也有噴泉、泉水、源頭之意，應該不需要我畫圖解釋了吧？

Ayin 是十二個單發音字母之一，代表摩羯座。

塔羅牌的大牌對應：惡魔（Devil）

80

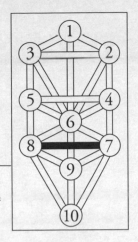

Peh—P, Ph, F

Peh 是第二十七條路徑，它將聶札賀（勝利）連結到候德（榮耀）。

Peh 幾乎跟 Kaph 一模一樣，只是它長出一根明顯的舌頭，掛在那張嘴巴的上顎。

> ף 是 Peh 的字尾形式

Peh 是第四個具有不同字尾形式的字母。當它被放在字彙末尾時，就會看起來像是一個長長的 Vau，上面還掛著一根舌頭。Peh 的字尾形式數值為800。

Peh 的拼法為 פה（PH），這三個字母的數值總和為 85，意思是「嘴」（mouth）。進入嘴裡的「營養」（nourishment）是維繫人們生命的關鍵事物，但從嘴裡出去的「說話」（speech）則是支持我們的心智最為重要的事物。神話時代的神賜給人類的第一個、也是最重要的禮物就是「說話」，而這樣的描述絕非偶然，係因說話是人類有別於其它生物的幾個原初特徵之一。一旦開始講話，我們的思想模式就會被徹底改造，這對我們祖先的自我形象及實相觀點產生深遠的影響，更別提我們的大腦從那時候開始的進化表現。

Peh 是七個雙發音字母之一，代表火星。

塔羅牌的大牌對應：塔（Tower）

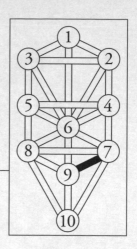

90

Tzaddi—Tz, X

Tzaddi 是第二十八條路徑,它將聶札賀(勝利)連結到易首德(根基)。

人們有時會把 Tzaddi 跟 Ayin 搞混。它看起來像是一個男人頂著超大的龐巴度髮型(Pompadour)朝前跪著的姿勢,只不過剛剛有一根上面插著 Yod 的枝條刺入這位男士的背部。

> ץ 是 Tzaddi 的字尾形式

Tzaddi 是第五個具有不同字尾形式的字母。當被排在字彙的末位時,它的形狀就會看來像是原本正常的 Tzaddi 從跪姿站立起來的模樣。Tzaddi 字尾形式的數值是 900。

Tzaddi 的拼法為 צדי(TzDY),這三個字母的數值總和為 104,意思是「魚鈎」(fish-hook),而它也關聯到「狩獵」(hunt)、「獵人」(hunter)、「獵物」(hunted)、「埋伏」(to lie in wait)、「捕捉」(capture)與「敵人、對手」(adversary)。

Tzaddi 是十二個單發音字母之一,代表水瓶座。

塔羅牌的大牌對應:星(Star)

100

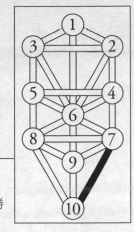

Qoph—Q

Qoph 是第二十九條路徑，它將聶札賀（勝利）連結到瑪互特（Malkuth，王國 Kingdom）。

Qoph 還滿特別的，看起來就像是英文大寫字母 P，只是構成字母的兩筆畫不相接觸。它也看起來像是貓王艾維斯·普里斯萊（Elvis Presley）的左臉肖像，只是眉頭的毛長到垂過他的下巴。

Qoph 的拼法為 קוף（QVP），這三個字母的數值總和為 186（若是用 Peh 字尾形式的數值，總和會變成 906），意思是「頭後側」（back of head）。在冥想 Qoph 時，必得與後面的 Resh 字母一起用，因 Resh 的意思是「臉」或「頭前側」。頭後側是小腦與延髓（印度人稱之為「神之嘴」）的位置。這區域是我們的腦部當中最為原始的部分，完全不在乎晚間新聞、你的工作或是要用什麼酒來配魚肉。它在我們睡覺、無意識時仍一直保持活動，不然我們全都翹辮子了。Qoph 是希伯來文裡面意謂「睡眠」（sleep）的字母，然而它的關聯詞挺奇特的，有著各式各樣的意思，包括「猴」（monkey）、「肛門」（anus）、「嘔吐」（vomit），還有「縫針的眼」（eye of a needle）。（真是奇怪啊！）

Qoph 是十二個單發音字母之一，代表雙魚座。

塔羅牌的大牌對應：月亮（Moon）

200

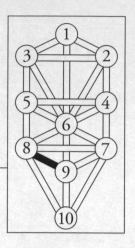

Resh—R

Resh 是第三十條路徑，它將候德（榮耀）連結到易首德（根基）。

Resh 有個很厚、很平的頂部，且平順地連到一隻右腳。

這是 ㄱ Resh，不要跟 ㄱ Daleth 搞混囉！

Resh 的拼法為 רישׁ（RYSh），這三個字母的數值總和為 510，意思是「頭」（head）或「臉」（face）。Resh 也暗示「領導力」（例如組織的「頭目」）、「位置」（例如排在前「頭」）或是「品質」（例如「最高」指揮官）。

將 Resh 當成是一切皇家、王室事物的閃亮代表，才算得上真的正確且恰當。「國王」（rex）、「王」（roi）、「女王」（regina）、「攝政王」（regent）、「統治」（rule）、「支配」（reign）等這些字就像在明顯提醒 Resh 的光輝聲望，而聲望就是評斷我們值得多少尊敬與虔誠紀念的實相。

Resh 是七個雙發音字母之一，代表太陽。

塔羅牌的大牌對應：太陽（Sun）

300

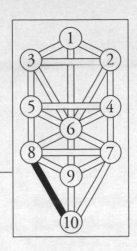

Shin—Sh

Shin 是第三十一條路徑，它將候德（榮耀）
連結到瑪互特（王國）。

Shin 也許是那套由火焰生成的希伯來文眾字母中最美的字母。它是
一副上嵌三個 Yod 的帶角王冠所具有的榮耀。左邊的 Yod 是 Zain、右邊
的 Yod 是正在搖動的 Vau，至於中間的 Yod～欸～中間的 Yod 看來就像是
一般嵌在一根枝條上的 Yod。

Shin 的拼法為 שׁין（ShYN），這三個字母的數值總和為 360（若是用
Nun 字尾形式的數值，總和會變成 1010），意思是「齒」（tooth）。卡巴拉
的傳統對於 Shin 這個字母抱持特別的敬意。如果 Aleph 是聖靈裡面的有
效成分，那麼 Shin 就是聖靈本身。它的數值總和為 360，等同這一串希
伯來字母 RVCh ALHIM 的總和，其意為「神之氣息」（Breath of God）。當
字母 Shin 被放進那被唸做耶和華（Jehovah）的四字神名 יהוה（YHVH）中
間時，就會成為 יהשוה（YHShVH），即 Jeshuah，也就是耶穌（Jesus）。

Shin 是三個母字母之一，同時代表火元素與靈元素（the element
Spirit）。

塔羅牌的大牌對應：審判（**Judgment**）

400

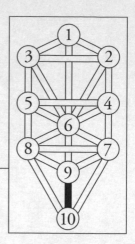

Tau—Th, T

Tau 是第 32 條路徑，它將易首德（根基）連結到瑪互特（王國）。

Tau 是希伯來文字母表的最後一個字母。它的架構就像 Resh，然其左邊還有一隻稍微彎曲的腿及超級腫的腳來支撐它。Tau 也看起來像是正把一條死海豚從尾鰭處抓起來的 Resh。

這是 תּ Tau，不要跟 ה Heh、ח Cheth 或 ף Peh 的字尾形式搞混囉！

Tau 的拼法為 תו（ThV).），這二個字母的數值總和為 406，意思是「標記」（mark）、「十字」（cross）或「簽名」（signature），也可意謂「蓋章」（to seal）、「正式同意」（to sign off on）以及「見證」（to witness）。Aleph 與 Tau 算是希伯來文版本的始（Alpha）與終（Omega），而由希伯來字母表的第一個字母、位於中間的字母及最後一個字母組成的字彙 **אמת**（AMT）意謂「真理」（Truth）。

Tau 是七個雙發音字母之一，代表土星與地元素。

塔羅牌的大牌對應：世界（World）

表一：希伯來字母、屬性與對應

希伯來字母及英文對應		數值	拼法及加總數	字義	字母分類	屬性	塔羅牌的對應大牌
א	A	1	**אלף** ALP 111	壯牛 Ox	母	風 Air	0 愚者 Fool
ב	B	2	**בית** BYTh 412	房屋 House	雙	水星 Mercury	I 魔法師 Magician
ג	G	3	**גמל** GML 73	駱駝 Camel	雙	月亮 Moon	II 女祭司長 High Priestess
ד	D	4	**דלת** DLTh 434	門 Door	雙	金星 Venus	III 女帝 Empress
ה	H	5	**הה** IIII 10	窗戶 Window	單	牡羊座 Aries	IV 皇帝 Emperor
ו	V,W, U,F, O	6	**וו** VV 2	釘子 Nail	單	金牛座 Taurus	V 教皇 Hierophant
ז	Z	7	**זין** ZYN 67	劍 Sword	單	雙子座 Gemini	VI 戀人 Lovers
ח	Ch	8	**חית** ChYTh 418	圍欄 Fence	單	巨蟹座 Cancer	VII 戰車 Chariot
ט	T	9	**טית** TYTh 419	蛇 Serpent	單	獅子座 Leo	VIII 力量 Strength
י	Y, I,J	10	**יוד** YVD 20	手 Hand	單	處女座 Virgo	IX 隱者 Hermit
כ (ך)	K	20 或 500 （字尾）	**כף** KP 100	手掌 Palm of Hand	雙	木星 Jupiter	X 命運之輪 Wheel of Fortune

希伯來字母及英文對應		數值	拼法及加總數	字義	字母分類	屬性	塔羅牌的對應大牌
ל	L	30	למד LMD 74	趕牛棒 Ox Goad	單	天秤座 Libra	XI 正義 Justice
מ (ם)	M	40 或 600 （字尾）	מים MYM 90	水 Water	母	水 Water	XII 吊人 Hanged Man
נ (ן)	N	50 或 700 （字尾）	נון NVN 106	魚 fish	單	天蠍座 Scorpio	XIII 死亡 Death
ס	S	60	סמך SMK 120	支柱 Prop hand	單	射手座 Sagittarius	XIV 節制 Temperance
ע	Ay, Au, O, Ng	70	עין AYN 130	眼 Eye	單	摩羯座 Capricorn	XV 惡魔 Devil
פ (ף)	P, Ph, F	80 或 800 （字尾）	פה PH 85	嘴 mouth	雙	火星 Mars	XVI 塔 Tower
צ (ץ)	Tz	90 或 900 （字尾）	צדי TzDI 104	魚鉤 Fish Hook	單	水瓶座 Aquarius	XVII 星 Star
ק	Q	100	קוף QVP 186	頭後側 Back of Head	單	雙魚座 Pisces	XVIII 月亮 Moon
ר	R	200	ריש RISh 510	頭 Head	雙	太陽 Sun	XIX 太陽 Sun
ש	Sh	300	שין ShIN 360	齒 Tooth	母	火（靈） Fire（Spirit）	XX 審判 Judgment
ת	T	400	תו ThV 404	標記十字 Cross, mark	雙	土星（地） Saturn （Earth）	XXI 世界 World

第五章

不可說的神名以及約櫃

—— 隆·麥羅·杜奎特 ——

> 卡巴拉不僅讓我能夠詮釋別人的語中真意，
> 它還迫使我去聽自己需要聽到的事情！
> ——教士拉梅得·本柯立孚德

一如我們在〈關於小雞卡巴拉的常見提問〉所見，教士拉梅得·本柯立孚德盡情揶揄那些在卡巴拉的研究強調正確的希伯來語發音之重要性的人們。而在他為自己的四字神名（the Tetragrammaton）論文所寫的導言中，對於這方面的奚落更是無比尖銳。他的那則幻想故事，係用來解釋環繞在以色列大祭司（the High Priest of Israel）說出 **יהוה** 年度活動之真實情境，自然已被虔信的學術機構譴責，認為那故事真是粗俗且令人反感。而他將神聖約櫃（Ark of the Covenant）稱作「金光閃爍的老傢伙」（Ole Sparky[※]）則是最糟糕的白目行為。然而，許多現代的學生都被他那則故事當中的許多面向衍生出來的問題吊足胃口、撩起興趣，所以在經過一番深思熟慮之後，我決定完整公布他的論文，而且不做任何編修處理。

※ 譯註：這是美國監獄某張電椅的綽號

那不應說出之神名的真正發音

教士拉梅得・本柯立孚德
向一九八六年所羅巴伯哲學青年學院田徑隊發表的演說

如同我在幾個場合中所言，希伯來語的發音對於卡巴拉的研究並不重要。然而，關於四字神名 **יהוה**（Yod Heh Vau Heh）真正發音的知識，一直以來都是宗教歷史的最大謎團之一，而小雞卡巴拉神祕家應要留意那則藏在偉大之名之正確發音後面的真實故事。在今天演講的開始，我會花點時間跟你們分享那個偉大的祕密。

יהוה 之所以稱為不可說之名，是因為除了以色列大祭司之外沒有人能被允許說出這名字，而大祭司每年也只會在非常特定的情境下說出此名一次而已。因此，當虔誠信徒在書上遇到這個字，就會用「主」（Adonai; Lord）來替換。**יהוה** 首先出現在〈創世記〉第二章第七節：

וייצר יהוה אלהים את האדם עפר מן האדמה ויפח באפיו נשמת חיים ויהי האדם לנפש חיה.

YHVH 以羅欣以地上塵土塑出亞當，並從鼻孔吹入生命（Chiah）的氣息（Neshemah），亞當就成為活著的靈魂（Nephesh）。

而這節經文一般會翻譯成：

主神以地上塵土塑出亞當，並將生命的氣息吹入他的鼻孔。

直到這節經义之前，以羅欣（אלהים，Elohim[1]）這個字在〈創世紀〉是用於指稱造物神。換句話說，那位藉由向泥土塑像進行心肺復甦術而創造出人類（亞當）的神，應是另一種以羅欣，或更有可能是以羅欣的特定面向，即耶和華——以羅欣（Jehovah-Elohim）。

基督徒講「耶和華」都沒事，但為何虔誠的猶太人如此害怕講出 יהוה 呢？答案很簡單。虔信的猶太人被教導要尊敬「摩西五書」（the Pentateuch）的作者或作者們，而這些人是祕法者，知曉 יהוה 根本不是名字，而是能夠揭露創造與人類存在之基本機制的方程式。另一方面，由於傳統的關係，基督徒一直以來受到鼓勵不去深究經文，停在字面意思就好，而他們看似對於把創世的偉大之力貶謫成某個脾氣暴躁、喜怒無常且名為耶和華的山岳雷電哥布林（mountain-thunder goblin）感到十分滿意。

諷刺的是，耶—和—華（Je-ho-vah）的發音是德國人給的，但這做法並沒有不好。我們都知道，希伯來文沒有母音字母，那些註記在希伯來字母上下、用於發音提示的圓點與短線（還有位於字母中央的點 dagesh），其實是希伯來文到近代才有的改革作法。原始文獻並沒有這些點，因此單一字彙的每個字母有許多不一樣的發音方式。

對於發音選擇的簡單檢驗方法，即是在任何字母後面加上一個英語長母音（即 A, E, I, O, U）。我們就拿希伯來字母「B」（即 Beth ב）為例，Beth 加上母音後可以唸成[※]〔貝～〕（bay）、〔畢～〕（bee）、〔拜～〕（by）、〔抱～〕（bow）或〔布～〕（boo）。而希伯來字母「P」（即 Peh פ）加上母音後可以唸成〔佩～〕（pay）、〔僻～〕（pee）、〔派～〕（pie）、〔泡～〕（pow）或〔魄～〕（poo）。如果有個希伯來字彙的拼法是 פפ（PP），那麼它的可能發音會有〔帕ㄆ˙〕

※ 譯註：〔 〕係表示讀音，而非譯字，裡面的～記號代表延長前字發音，˙ 記號代表前字係用入聲或短促音來唸

（pap）、〔佩～ㄆ˙〕（payp）、〔僻～ㄆ˙〕（peep）、〔僻ㄆ˙〕（pip）、〔派ㄆ˙〕（pipe）、〔帕～ㄆ˙〕（pop）、〔魄ㄆ˙〕（pope）、〔帕˙ㄆ˙〕（pup）、〔趴帕〕（papa）、〔趴僻〕（pappy）、〔帕～ㄆ˙愛〕（popeye）、〔僻～僻～〕（peepee）或〔魄～魄～〕（poopoo）。[2]

ˋ Yod	ㄏ Heh	ˋ Vau	ㄏ Heh
可以唸成：	可以唸成：	可以唸成：	可以唸成：
〔訝˙〕Yah、〔架˙〕Jah。	〔哈˙〕Hah、〔阿˙〕Ah。	〔ㄈ阿˙〕Vah、〔哇˙〕Wah。	〔哈˙〕Hah、〔阿˙〕Ah。
〔夜伊〕Yay、〔界伊〕Jay。	〔嘿伊〕Hay、〔欸伊〕Aay。	〔費伊〕Vay、〔魏伊〕Way。	〔嘿伊〕Hay、〔欸伊〕Aay。
〔夜˙〕Yeh、〔界˙〕Jeh。	〔嘿˙〕Heh、〔ㄟ˙〕Eh。	〔費˙〕Veh、〔魏˙〕Weh。	〔嘿˙〕Heh、〔ㄟ˙〕Eh。
〔亦～〕Yee、〔季～〕Jee、〔句亦～〕Gee。	〔ㄏ亦～〕Hee、〔亦～〕Ee。	〔ㄈ亦～〕Vee、〔烏亦～〕We。	〔ㄏ亦～〕Hee、〔亦～〕Ee。
〔亦愛～〕Yigh、〔季愛～〕Jigh、〔愛～〕Eye、〔愛〕I。	〔亥〕High、〔愛～〕Eye、〔愛〕I。	〔ㄈ愛～〕Vigh、〔壞～〕Why。	〔亥～〕High、〔愛～〕Eye、〔愛〕I。
〔又〕Yoe、〔就〕Joe。	〔後〕Ho、〔喔〕Oh。	〔否〕Voe、〔窩〕Woe。	〔後〕Ho、〔喔〕Oh。
〔一ㄨ～〕You、〔ㄐㄨ～〕Jew。	〔戶～〕Hoo、〔喔～〕Oo、〔戶〕Who。	〔付～〕Voo、〔物～〕Woo。	〔戶～〕Hoo、〔喔～〕Oo、〔戶〕Who。

表二：四字神名字母的可能讀音

至於四字神名的讀音，我在表二列出這些字母（Yod, Heh, Vau, Heh）的一些可能唸法。你也可以看到，Jeh-ho-v-ah，即〔界‧〕〔ㄏㄛ〕〔ㄈ〕〔阿‧〕，是 **יהוה** 的可能讀音，但它也可以讀成〔愛～〕〔阿〕〔物～〕〔戶～〕（Eye-ah-woo-hoo）。說真的，**יהוה** 的可能讀音多到沒有止盡。

　　◆ 那麼禪宗的門生可以冥想那個不可說的名字〔愛〕〔ㄏㄧ〕〔烏亦～〕〔戶〕（I-He-We-Who）吧？（字面是「我、他、我們、誰」的意思。）

　　◆ 那麼唸誦真言〔ㄧㄨ～〕〔胡〕〔魏伊〕〔亥～〕（You- Who-Way-High），會使虔誠信徒領悟到〔愛〕〔胡〕〔魏伊〕〔亥～〕（I-Who- Way-High）吧？（前一句有「祢好高啊」的意思，後一句有「我好高啊」的意思。）

　　◆ 那麼修練譚崔的愛人們，也許會用〔悠～〕〔侯～〕〔魏伊〕〔亥～〕（Yoo-Hoo! Way-High）來勾引他們的神聖愛侶，或是在高潮的片刻喊出〔夜‧〕〔愛〕〔物～〕〔亥～〕（Yeh! I-Woo-High））吧？（前一句有「喲～呼～我好熱喔！」的意思，後一句有「耶！我到頂了」的意思。）

　　◆ 那麼休假的祕法師在看到度假樂園的美景時，也可以狂喜讚嘆〔句亦～〕〔哈〕〔哇‧〕〔亦～〕（Gee! Ha-Wah-Ee!）吧？（字面有「噢～夏威夷！」的意思）

　　◆ 所以牛仔們的神就可以稱為〔句亦～〕〔哈‧〕〔哇‧〕〔戶～〕（Gee-Hah! Wah-Hoo!）吧！（字面應是美國牛仔的吆喝聲。）

　　傳統告訴我們，在每一年的提斯立月（Tisri）的第十天（即他們

的十月十日），也就是贖罪日，以色列的大祭司要進入大聖殿（the Great Temple）的至聖所（the Most Holy Place）三次，並在約櫃上面灑血。大祭司的腳上綁著長條編繩，繩索的另一端則由他的朋友拿著，站在被布幕完全遮住的至聖所外面有點距離的地方。當大祭司第三次進入至聖所時，許多虔信的人們會站在聖殿外面發出許多噪音，而大祭司會把手直接放在約櫃、說出那不可說之名，而火焰般的神同時會在雲裡現出自身並在約櫃的金蓋（即「施恩座」Mercy Seat）上發出閃電。

聽起來是個簡單的儀式，不是嗎？就跟埃及或巴比倫的祭司每年一至二度會進入自身信仰神祇的至聖所（sanctum sanctorum），並在神聖雕像或其他聖物前面獻上禱告或牲禮的儀式，沒有什麼不同。然而，以色列的儀式有個不一樣的小地方，就是綁在大祭司腿上的那條繩索。這繩索之所以在那裡是有非常合理的理由，而這理由雖然乍看之下沒有甚麼關聯，但必定跟 יהוה 的正確唸法有關。

之所以需要那條繩索，是因為大祭司偶爾會在這項無上儀式的高潮時分爆炸！不僅如此，在那可憐的傢伙以非常獨特的方式離開人間之後，滿是濃煙與火焰的至聖所因為太危險而無法進入，所以只得用繩索把烤焦的祭司遺骸從至聖所拖出來。[3]明年再換新的大祭司試試看。

為了要了解這些奇怪的情境以即不可說知名的真正唸法，就有必要來稍微講一下約櫃的事情。

首先，我們得要記得的是，在舊約時期，打仗的人都非常迷信。他們要去打仗時，會隨身帶著能夠象徵自己的神之事物，像是雕像、動物，像是隕石之類的護符物品，或是用於紀念的乳酪。[4]如

果戰鬥的某方獲勝的話，他們的神就被認為比敗方的神還要屬害。因此，敗退的軍隊在重新集結之後第一件要做的事情，經常是竊走勝者的神為己所用。我們可以從〈撒母耳記上〉看到約櫃也有發生此類事情。當時的非利士人（Philistines）偷走約櫃，但後來又歸還了，因為他們發現約櫃一直殺害任何嘗試移動它的人。真是殺得好啊！

約櫃是個長方形的盒子，裡面裝有以色列人從埃及出走過程中的魔法寶物：亞倫的杖[5]，那些在埃及行使的奇蹟都是它做的；一罐嗎哪（manna），是以色列人出走到曠野時在晨露中像蘑菇那樣生長、用來餵養人民的天糧；一盤被當成膏抹聖化油品的液體，還有最重要的約法（即十誡）石版。

在〈出埃及記〉第25章，**יהוה** 對於準備要建的約櫃給出非常具體的指示：[※]

> 要用皂莢木做一櫃，長二肘半，寬一肘半，高一肘半。[6]要裡外包上精金，四圍鑲上金牙邊。也要鑄四個金環，安在櫃的四腳上；這邊兩環，那邊兩環。要用皂莢木做兩根杠，用金包裹。要把杠穿在櫃旁的環內，以便抬櫃。這杠要常在櫃的環內，不可抽出來。必將我所要賜給你的法版放在櫃裡。要用精金做施恩座[7]，長二肘半，寬一肘半。[8]要用金子錘出兩個基路伯來，安在施恩座的兩頭。這頭做一個基路伯，那頭做一個基路伯，二基路伯要接連一塊，在施恩座的兩頭。二基路伯要高張翅膀，遮掩施恩座。基路伯要臉對臉，朝著施恩座。要將施恩座安在櫃的上邊，又將我所要賜給你的法版放在櫃裡。我要在那裡與你相會，又要從法櫃施恩座上二基路伯中間，和你說我所要吩咐你傳給以色列人的一切事。

※ 譯註：以下文字摘自繁體中文和合版聖經〈出埃及記〉25:10–22。

約櫃是致命的武器，而以色列人也是如此應對。他們會用布與皮包裹約櫃，而搬運約櫃的人們都得穿上特製的衣物與鞋子，但並不總是有用。聖經有提到，不經意碰到約櫃或太過靠近約櫃的人都被電劈倒或被焰光吞噬。

所羅門大聖殿看起來並不像是用來祈禱的建築物，反倒像是囚房，用來收留危險莫測的約櫃。約櫃所在的至聖所，其建造方式就像是一間隔離室——長寬高都是 30 英呎（約為 9.144 公尺）的正立方體。而其地板、牆壁與天花板都貼上純金，總重估計為 4 萬 5 千磅（約為 20.25 公噸），並用金釘固定。約櫃有時吐出的煙多到聖殿的祭司們全被趕到建築物的外面，使他們無法進行日常工作。[9]

即使不是火箭科學家，也能從內外都包上金子的木盒、覆蓋其上的金蓋、裡面有罐裝的神祕物質、沉重的盤子以及浸在盤中液體的棒子看出，這完全就像一顆非常不穩定的巨大電池。金蓋上面的兩個基路伯當成電池的陰極與陽極，而雷電或「電弧」（神的焰般存在）則在兩個基路伯張開的高導電性純金翅膀之間瘋狂跳躍。

親愛的學生，我可以聽到你們在笑，但我得要提醒你們，在同時期及更早時期建造的埃及墳墓中，已有發現可以使用的電池。[10] 我相信你們若去重看聖經對於約櫃的描述，以及它那致人於死的動作，你會發現約櫃的表現跟非常原始的電器表現完全沒有牴觸。如此壯麗且致命的電光表演，在那時必定是讓人又畏又懼的場面，而且它對於那段長達四十年的露營旅行而言，也是控制部隊非常有用的工具。

進入那樣的房間，還跟那台「金光閃爍的老傢伙」玩電擊式俄羅斯輪盤遊戲，大祭司必定是個非常勇敢的傢伙。當他把雙手放在

那台可怕的儀器上，他的血肉會傳導那些原本在兩個基路伯的翅膀之間以電弧跳躍的電流，所以在那特別的時刻，**יהוה** 的力量確實進入他那已被電到劇烈彎曲的身體。如果他存活下來，應會變成一位非常溫和的聖人，他所表現的溫順行為及神祕的不可思議之處，就跟接受現代電擊療法的病人一模一樣。我猜跟他講話也會很有趣，應該滿滿都是靈性洞見跟來自神的深奧訊息。

　　所以，親愛的學生，這就是約櫃的祕密。不過呢，我有聽到你們在問，那不可說的神名 **יהוה** 之真正唸法到底是怎樣？欸～我認為這個名字在每一年的唸法都會有點不同，不過如果要讓你們對這名字的唸法有個大致上的概念，我會説它的唸法應該像這樣⋯⋯

YAAAAAAAAAAHEEEEEEEEE

WAAAᴬAAAᴬOOOₒₒOOOₒₒₒ

ᴬᴬAAAAᴬAAAᴬᴬAHAAAᴬ

AAAᴬᴬAAᴬAᴬᴬAAAAAᴬ…！

第六章

卡巴拉的四個世界及
靈魂的四部分

隆·麥羅·杜奎特

真的沒有四個卡巴拉的世界——只有一個已被遺忘的世界。
——教士拉梅得·本柯立孚德

　　1991 年春天，教士本柯立孚德沉迷在製作某部卡巴拉紀錄片的想法。他有去見幾位美國南加州的電影製作人，果不其然，他們都完全沒有鼓勵他的意思。然而，勇敢的他相當熱切地開始撰寫這部片的劇本，十分確信「只要反輝耀的媒體惡魔看到我的創造界天賦在物質界的具現，他們會馬上認出此項具現的純粹原型，並將自己變換成形塑界的天使，要求參與此項具現在物質界的完全物質化過程。」[1]

　　當然，這部紀錄片從未開拍。雖然教士宣稱整部影片的內容已經寫完，但完成的原稿從沒被找到。而目前最大、最完整的手稿殘篇係由本柯立孚德的獸醫吉爾福得博士（Dr. I. Z. Gilford）持有，他是在教士的樓頂鴿舍找到手稿，當時就舖在鴿舍地板上。

然而對於現在與未來的小雞卡巴拉神祕家來說，這是相當幸運的事情，因為這篇殘稿主要在講關於四字神名（**יהוה**、Yod Heh Vau Heh）、卡巴拉的四個世界及人類靈魂的四個部分，而這些都是十分重要的主題。我認為你也會同意，那部紀錄片沒做出來真是可惜。教士在使用熟悉的視覺影像來傳達抽象概念方面有著驚人敏銳的嗅覺。吉爾福得博士樂意讓我重製教士的手稿，而他要求我在重製手稿時，得要如實維持本柯立孚德在場景、角色分派與調度上有點外行的指示。因此我完全依照他的希望重製手稿，也希望讀者能使用「心智之眼」，將本柯立孚德的卡巴拉紀錄片夢想鮮活表現出來。

讓我們來學習小雞卡巴拉

係由教士拉梅得‧本柯立孚德撰寫及講述的
形上學紀錄片

第一部

卡巴拉的四個世界
速寫圖：卡巴拉的電梯

―――――――― **場景一** ――――――――

地點：四層樓高的辦公大樓旁邊的停車場

教士：

　　這個建築物就是宇宙，它是一切，即涵括所有次元、能量、意識面向的整體，我們在難以操縱的時空限制中所觀察的物質宇宙只是它的一部分而已。卡巴拉神祕家有說過，我們每一個人都是這個整體的迷你版本。

〔指向建築物〕

曾經存在的一切、將會出現的一切都在那裡⋯⋯

〔指向教士自己的心〕

⋯⋯以及這裡。

　　對我們的可憐心智來說，「太一」（Supreme One）至簡到難以思索。為了至少可以開始推敲太一的本質，我們被迫要用假設的方式，將它分割成幾個部分來思考。

如果我們把它分成兩部分，就可以用二元性的術語來思考，像是黑暗與光明、男性與女性、開與關、熱與冷等等，我想你已明白這意思。

如果我們把它分成三部分，就可以用任何你喜歡的正反合之三個一組的術語來思考，像是創造－維持－破壞、父－母－子、太熱－太冷－剛剛好。

你有看出這思路會把我們帶到甚麼境界嗎？越去分割太一，我們從各個部分獲得的知識與了解就越多，但我們同時也會逐漸遠離太一的抽象純粹。

古代的卡巴拉神祕家很愛用許多方式切分太一，然而最原初的切分方式──有人說這是至高無上的切分方式──是切成四部分，於是他們將這位具有四部分的神稱為：Yod Heh Vau Heh。

〔再度指向建築物〕

那棟建築物具有四個樓層。我們就一起進去，看看太一在分成四部分之後會是甚麼模樣。

教士進入一扇門，門上的標示是：

```
┌─────────────┐
│     一樓     │
│      ה      │
│     Heh     │
│    物質界    │
└─────────────┘
```

● ● ●

位置：家具倉庫展示間

〔鏡頭向內最先拍到的是家具倉庫的椅子展示間，裡面有數千張各種大小、各種規格的椅子，連長板椅、凳子、教會長椅都有。教士走向一張巨大的厚墊椅坐了下來，並說：〕

教士：

啊～這就是我要的。我們現正處在物質宇宙的椅子部門。其他部門當然還有很多，事實上，包括你我在內，物質世界的每一事物，這層樓都會有對應的區域予以放置——桌子區、樹區、罐頭湯區以及小型振動電器區，甚至還有恆星系與眾星系的區域——全都在一樓這裡。

卡巴拉神祕家稱這個世界為物質界（Assiah）[2]，即物質層面。它是卡巴拉的四個世界當中最低者，以四字神名的末尾字母 Heh 作為代表。

我們再把注意力拉回到這些椅子，它們是從哪裡來的？你也許會說木頭是從樹來的、釘子是從金屬礦物來的、羊毛罩布是從綿羊來了，但這樣的說法會是錯的，因為你真正在說的是，木頭是從這層樓的樹區來的、釘子是從金屬區來的，而羊毛則是從綿羊部門來的，這些區及部門都屬於物質層面。

既然如此，這些椅子到～底～是從哪裡來的？事實上，這樓層的所有事物都完全不是來自這個塵世。這些椅子及其他所有處在這

個可被感知的宇宙之事物，它們僅是具現在此而已。

〔教士想從那張安樂椅起身，但好像挺困難的⋯⋯也許需要工作人員去扶一把。起來之後，教士走向電梯。鏡頭尾隨著他。〕

為了開始了解事物的真正來處，我們得要更上一層樓。

教士進入電梯。

●　　●　　●

場景三

位置：電梯裡面

〔教士在電梯裡面按下具有下列標示的按鈕：〕

> 二樓
> ﬠ
> Vau
> 形塑界

●　　●　　●

位置：藍圖室（Blueprint room）。

〔電梯門打開之後，眼前看到的房間有著數百份藍圖，全用隱形的線掛了起來。這房間滿是穿著白袍、短袖襯衫、花俏領帶及黑色寬鬆長褲的人。每個人都配戴口袋護套並戴上黑框眼鏡（有些眼鏡還有修補斷裂鼻橋的膠帶）。許多人拿著鉛筆、筆、丁字尺、羅盤、量角器及其他機械繪圖工具。他們都在參與熱烈的討論，一邊講話、一邊比出動作明顯的手勢。〕

教士（壓低聲音）：

　　這些工程宅是天使喔……

〔某個工程宅的稚氣尖叫及會讓人煩躁到失控的笑聲暫時打斷教士的說話。〕

　　……他們的階級事實上非常低，然而他們都勤於工作，且機敏聰明。

　　現在我們已經來到物質界（即末尾 Heh 的世界）椅子區正上方高一層的地方。這裡名為形塑界（Yetzirah、the Formative World），即 Vau 的世界，而這些天使正努力為一樓的所有椅子之藍圖做最後的潤飾。他們無法真的在這個樓層製作椅子，因為這是屬於思想的世界，而不是物質的世界。

〔鏡頭慢慢轉向一群聚在投影機旁邊的工程宅，投放在銀幕上的圖是某張椅子。他們正激動地鼓掌，令人煩躁的笑聲也越來越多。〕

這層的創造就是「心智之眼」(the mind's eye)。無論有形或無形，心智所構思的一切事物，都是在形塑界這裡形成。

那些在開始作畫之前就知道自己的作品模樣的藝術家、那些在演奏之前就已在自己的腦海聽到自己的音樂表現的作曲家，還有那些早在七月就已經知道十一月感恩節家庭聚餐的桌上應該要有什麼菜色的祖母們，他們都是跟這樓層的天使們直接溝通。

不過，雖然他們很聰明，還是需要來自更高意識的靈感與指示，他們所接受的指令必定來自別處。

教士進入電梯。

● ● ●

──────── **場景五** ────────

位置：電梯裡面。

〔教士在電梯裡面按下具有下列標示的按鈕：〕

> 三樓
> ה
> Heh
> 創造界

● ● ●

位置：湯瑪斯‧愛迪生（Thomas Edison）的浴室淋浴間。

〔這房間蒸氣騰騰。畫面秀出說明字幕：湯瑪斯‧愛迪生的浴室－1877 年。我們聽到流水的聲音，以及湯瑪斯‧愛迪生在唱〈你照亮我的生命〉（You Light Up My Life）的歌聲。〕

教士（壓低聲音）：

在沐浴的人並非湯瑪斯‧愛迪生本人，其實他是天使，而且是真的非常高位的天使。就我們的目的而言，我們甚至可以稱他為大天使（archangel）。我們之所以會看到他長得很像湯瑪斯‧愛迪生，而且正在偉大發明家的浴室沖個好澡，是為了要幫助我們描述出與這個名為創造界（Briah，the Creative World）的卡巴拉世界有關的某個事物。

那麼，愛迪生並沒有發明椅子，不過他的發明（或改良）數量的確多到不敢置信，而那些發明也為這世界帶來革命性的改變，燈泡、留聲機與動畫是其中幾個。這個人無疑是個天才，然而我們也許會問，一個人怎有可能發明這麼多事物？他哪來的時間？就讓我們繼續看下去。

〔歌聲突然停住。水也被關掉。一片安靜。然後愛迪生喊了出來：〕

愛迪生：

對啊～～～～～！

〔愛迪生打開淋浴間的門，走進蒸氣雲霧之中，並在洗手台起霧的大鏡子前面興奮舞動。〕

愛迪生：

對啊！對啊，沒錯，他們一定會喜歡的！他們絕對會喜歡的！我們會賺到很多錢！很多錢啊！瑪莉！瑪莉！傳話給總工程師柯立孚德，要他馬上過來見我！

教士（壓低聲音）：

事實上，我們並不知道愛迪生的總工程師是否叫做柯立孚德，這細節對我們想要達到的目的而言並不重要，所以我是用自己父親的名字來為他命名。

〔愛迪生的總工程師畏畏縮縮地進入那間浴室，身上穿的跟形塑界的工程宅天使一模一樣。愛迪生走到起霧的鏡子，開始用手指在上面畫東西。〕

愛迪生：

柯立孚德，我發明出能夠記錄與播放聲音的機器，人聲、音樂、身體的聲響，任何聲音都可以！

〔愛迪生在鏡子畫出粗略的圓筒（cylinder）圖案，手指在摩擦鏡面時傳出尖銳的聲響。〕

愛迪生：

有聽到那聲音嗎？你知道東西在相互摩擦或刮抓時會出現聲音的原理吧？那麼，我們就從某個旋轉的圓筒或什麼的做出一個「摩擦刮抓器」，懂嗎？然後你把它連上別的東西——我不曉得那是什麼——就是某個可以連上我們做的電話振動板的東西，有看到嗎？然後你就用某個方式把摩擦的振動刮劃「摩擦刮抓器」的表面。那

麼我們所要做的就是如何用別的東西摩擦這些刮痕，也許再把刮劃的振動傳到到另一台留聲器或別的東西，那麼我們就能重現那原本在「摩擦刮抓器」上留下刮痕的聲響。這樣有看懂嗎？

〔教士搔抓一下自己的頭。〕

愛迪生：

到那時候、到那時候——你一定會喜歡這東西的！

〔愛迪生在鏡子上面畫個大的圓錐形。〕

愛迪生：

然後你使刮抓的聲音從這個圓錐較細的一端進入，有看到嗎？然後當它從較寬的一端出來時，就真的會是很大的聲響！真的很大聲！這樣有看懂嗎？

教士（壓低聲音）：

讓我們看一下那片鏡子。我們看到的是一個粗陋的圓筒、兩條彎彎曲曲的線、有個看起來像是盒子的東西，還有個圓錐靠在旁邊，旁邊有個指向圓錐的箭頭，尾端寫著「這裡會出來很大的聲音」。

小雞卡巴拉

〔教士面無表情地望著鏡子。〕

愛迪生：

我稱它為留聲機。你現在趕快回去，把細節整理出來。我要這週末看到可以運作的模組。現在我要跟漢克·福特與威爾勃·萊特一起去釣魚。就交給你這個能幹的傢伙來辦囉。

教士：

其實，我並不確定這是留聲機被發明出來的過程，但一般來說，這就是愛迪生運作的方式。他常會冒出某個非常模糊的想法，將它粗略畫出來並寫上幾個註記，然後就交給一群待遇良好、工作熱忱的助手。而這些「天使」會勤快發明一些小裝置，使愛迪生因啟發而設想的大機器能夠運作，最後使他的想法成真。

愛迪生的想法（大天使的靈感）是來自創造界，而他的助手們（執行大天使意志的天使們）則是形塑界的工作人員，他們最後會把這些發明具現在物質界。

或者用更簡單的方式來表示——物質界的每一事物，是以圖樣的形式存在於形塑界，而圖樣的背後動機則是位於創造界。

那麼比動機更高的事物是什麼？那個事物就在最高的卡巴拉世界——原型界（Atziluth），是字母 Yod 代表的世界。

位置：電梯裡面。

〔教士在電梯裡面按下具有下列標示的按鈕：〕

四樓
，
Yod
原型界

●　　●　　●

位置：充滿雲霧的無形世界，裡面都是旋繞無休的光與霧氣。

〔教士仍站在電梯裡面，使電梯門維持在開著的狀態。鏡頭則進入那片霧氣之中。背景有著音樂，而我們在音樂中聽見男與女一起發出的輕微聲音，那是在愛裡面的歡愉嘆息。那道光閃爍明滅的方式頗有性愛的感覺，而它朝向濃密的雲朵照去，顯現出一個男人與一個女人彼此深擁的輪廓形象。〕

教士（壓低聲音）：

　　這裡就是原型界。原型界可被認為是神之意志最為純粹的面向，是四個世界中最高也最完美者。在原型界中，神的男性與女性面向沒有分別，而是在喜樂中永遠結合在一起。

其他的三個世界都是這道狂喜結合的產物，而且如同我們所見，樓層越往下，純粹的程度就越少。

但就我們來說其實是滿幸運的，那股從神來看像是不斷衰退的能量，對於我們這些被固定在一樓的可憐生物來看就是宇宙創造過程本身。

教士（悄聲）：

記住，我們的位置恰好是一樓椅子區某張舒適躺椅的正上方四樓處。就讓我們看看神在想什麼吧。

〔音樂聲量放低下來，語音變得清晰可聽。這些語音都不是單獨呈現，總是完美地同步說出這些話。〕

神：

〔男方與女方在狂喜中深擁彼此。〕

「啊～～！這對我們來說不是很好嗎？

噢～～對呀！這對我們來說一直都是好的，永遠如此。

嗯～～！但是我們現在有點累了，不是嗎？

我們現在想要休息，不是嗎？

噢～對！對呀！噢，就暫停一下吧。

永遠不停的話，即使是狂喜也會很無聊。」

教士（悄聲）：

欸～原型界裡面的事物相當模糊不清。原型界這裡沒有形體或影像，只有純粹的意識能量——精力充沛的喜樂能量。然而如此精力充沛的能量也有需要停下來休息的時候，才能經驗到自身內在擴張與收縮的創造週期所具有的脈動。

當然，在這層樓的其他區域，神正在產生其他的含糊欲望，而這些欲望到最後會具現在那能由感官感知的宇宙。不過在原型界的這個地方，也就是物質界椅子區往上三層樓的地方，神之意識在這裡有著想要休息的模糊、獨特欲望。

喔！聽好！我認為原型界的神，其神聖衝動正要啟發下一層創造界椅子大天使湯瑪斯·愛迪生……

〔那些語音正在狂喜中逐漸加大音量：〕

「對～休息！對啊～休息！對啊～～～休息！休息！休息！」

場景九

位置：湯瑪斯·愛迪生的浴室。

〔愛迪生看向鏡中的自己，深深嘆氣並分開腿準備坐下，然而那裡沒有讓他能夠坐下的地方，於是他摔倒在地板上。此時出現天界音樂的旋律，那一刻有一道明亮無比的光出現在愛迪生的頭上。他抬頭望上看，受到「休息」的整體概念之啟發，然後他立刻曉得自己急需可以讓自己坐下來的器具。於是他開口大喊～〕

愛迪生：

柯立孚德！快過來！

教士：

　　然後創造界的大天使智性將關於提供坐具之概括概念，傳達給喜愛細節的形塑界天使宅們……

場景十

位置：藍圖室。

〔柯立孚德趕快把備忘錄分傳給那些興奮的工程宅天使。可以聽到很多稚氣尖叫跟會讓人煩躁到失控的笑聲。〕

場景十一

位置：家具倉庫展示間。

〔教士重新坐回那張讓他感到心滿意足的安樂椅。〕

……而天使宅們最後會設法啟發物質界的某人，使他從到處亂飄的白日夢醒來，起身去實際作出自己夢裡的那張椅子。

〔教士坐上安樂椅，用雷射筆指向附近黑板上的希伯來字母 יהוה。〕

Yod-Heh-Vau-Heh 是四階段的創造過程，是神的純粹意識（Yod）下降到形成物質（末尾 Heh）的方程式。若從處在物質界的我們來看，這看起來就像是創造的奇蹟。

你也許會認為，從神的角度來看，能量及力量不斷衰退下去的創造看似是令人沮喪的過程。但我認為實情並非如此。

還記得第三嘯吧——真的沒有所謂的萬物、時間或空間、天堂或大地——那是因為，究極的實相並不處在物質界……

〔雷射筆光點指向末尾字母 Heh יהוה。〕

不處在形塑界……

〔雷射筆光點指向字母 Vau יהוה。〕

也不處在創造界……

〔雷射筆光點指向前面的字母 Heh יהוה。〕

而是在 Yod 的世界這裡……

〔雷射筆光點指向字母 Yod יהוה。〕

……也就是原型界，純粹、無限意識、永恆喜樂之處。而其他三個世界就像影子那樣虛假不實。

〔教士從口袋中取出三副太陽眼鏡，將它們一個疊一個地依次戴上。〕

物質界就像是隔著三副太陽眼鏡來看太陽，它僅是神聖之光最為沉重、最為緩慢且最具實質的面向。

〔取下一副太陽眼鏡。〕

在形塑界，我們會看到更多……

〔取下另一副太陽眼鏡。〕

創造界則是更為明亮，不過……

〔取下最後一副太陽眼鏡。〕

然而這三個世界只是那個真實世界的扭曲影像……

〔教士躺回安樂椅並閉上眼睛，逐漸睡去。鏡頭慢慢靠近並放大他那安詳的臉龐。〕

〔在鏡頭非常靠近他的時候，影像變得完全模糊，然後鏡頭重新聚焦在教士的臉龐後再拉遠，顯示出仰躺在太平間解剖台上的教士屍體。接下來要講卡巴拉的解剖素描圖。〕

●　　●　　●

Yod
Atziluth
原型界

在原型界，神的男性及女性面向於純粹喜樂中結合在一起。這是至高神投射出對於「休息」的整體品質之欲望衝動的地方。

Heh
Briah
創造界

創造界是椅子大天使湯瑪斯·愛迪生所在的世界——他想出關於一切椅子的普遍概念。

Vau
Yetzirah
形塑界

形塑界是工程宅天使的藍圖世界，他們是特定椅子的心智圖像設計師。

Heh
Assiah
物質界

物質界則是所有「實體」椅子的世界。

圖九：卡巴拉的四個世界

第二部

靈魂的四個部分
速寫圖：卡巴拉的解剖圖

場景一

地點：太平間的手術房，教士的屍體躺在解剖台上。

〔音樂：聖詩〈與我同住〉（Abide with Me）。管風琴演奏版本。〕

教士（壓低聲音）：

就讓塵土歸於大地，而那由主賜予的靈，就讓它歸於主。

〔音樂停止。當教士在作旁白時，鏡頭緩慢從腳到頭地掃過他的整個身體。為求端莊起見，身體的性器官部位以及身上刺青的性器官部位都用黑色膠帶貼起來。〕

我看起來真的很自然，不是嗎？這是卡巴拉太平間的解剖室，而我自願提供身體用以展示靈魂的四個部分。

由於人類是「依神的形象」所造，所以我們反映出來的動力，就跟我們對應的那位巨大永恆存在一模一樣。我們每個人都是四層的 Yod, Heh, Vau, Heh 構造，而屬於我們自己的微小原型界、創造界、形塑界與物質界，就在我們裡面，即靈魂的四部分，卡巴拉神祕家則稱之為（從上到下）生命力量（Chiah）、靈魂直覺（Neshamah）、人類智性（Ruach）與動物魂魄（Nephesh）。就像卡巴拉的四個世界，靈魂較低的三部分僅是我們真正身分的扭曲影像，真正的我們是 Chiah，也就是生命力量本身。

教士：

靈魂的最低部分對應到物質界，稱為 Nephesh，即動物生命力或動物魂魄。

肉體事實上並不是動物魂魄，而是動物魂魄的面罩，而我稱它為動物魂魄的外殼。隨著科技的進步，當我們越知道身體的神經——電磁本質，就難分辨外殼在哪裡結束，而動物魂魄從哪裡開始算起。就讓我們先這麼說好了，動物魂魄是我們跟動物界共有的意識原始層級——本能、原始的食慾、情緒及性慾——也就是生存機制。在某些因不幸境遇而失去理性心智正常功能的人身上，我們可以觀察到動物魂魄的清楚具現。我們自己在某些時候也有可以觀察到它的機會，像是在盛怒到看不清楚的時候，或是因為恐懼火災而從十六層高的窗戶跳下去的時候，或是在性慾高漲到顧不了一時的放縱會使自己聲敗名裂的時候。

動物魂魄雖然可以如此狂野與危險，然而它使我們每個人得以完整，使我們準確反映出更大的靈性實相，它是我們個人的物質界，而天界的每個天使都會願意割捨自己的右翼來換到它。

〔穿著外科手術衣的驗屍官走進畫面。她從器具盤取出手術刀，然後往教士的頭部走去。當手術刀靠近喉嚨時，鏡頭要放大教士的頸部區域，並在下刀切割之前移開鏡頭。〕

靈魂對應 Yetzirah、形塑界的部分則稱作 Ruach、人類智性。如同動物魂魄的外殼是肉體，人類智性的外殼則是由動物魂魄形成。

地點：醫學實驗室，裡面擺有本生燈、玻璃試管及電子儀器。

〔特效：教士被切下來的頭被擺正，並由頸部在底下支撐，臉龐望著鏡頭。它正靜置在某個實驗室淺碟裡面，碟內有半滿的液體。有幾根管子從液體中伸出來連到不斷冒泡的燒杯。教士的頭張開眼睛，改由它進行旁白。〕

教士的頭：

絕對不要在家嘗試這麼作。這套廉價的把戲只不過是用來介紹接下來要講的靈魂部分，亦即人類智性。

在動物魂魄之上、對應到形塑界及四字神名的 Vau，就是 Rauch ——人類智性及自我意識（Self-awareness）的載具。現在，我肉身的頭部與大腦明顯不是真正的人類智性，因為所有有機事物都太過實質而不符合當成人類智性的資格。不過當你注視在這實驗室碟子上的敝人頭部時，我要請你思考一下。

如果你的腳與腿被切除的話，你還會是你，對吧？而當你的手臂被切除時，你應該還是認為自己依然是自己吧？如果科學可以維持你的性命，那麼你的身體要被切除到多少程度，你才會失去你自己呢？

你也許會回答，只要你能思考並維持覺知到自己的意識，你仍是你自己。

然而那是人類智性的大謊言！思考與意識並不是同樣的事物，它們完全不一樣。

你的靈魂裡面的人類智性部分獨佔你的注意力，其程度足以使你把思考過程完全當成是你自己。說出名言「我思故我在」（Cogito ergo sum）的笛卡爾（Descartes），其實被這個魚鉤、釣線與鉛錘給釣上了。說到底，真實的你在「維持意識」的方程式裡面並不需要「思考」這部分。即使你再也無法「思考」，「你」仍存在，所以「意識」仍會存在。然而，你的靈魂所具有的人類智性部分，無法了解如此微妙的事實，它無法超越本身去想像出沒有思考的自己。

人類智性就像自戀與專橫的母親，它吞下你全部的注意力，使你去「思考」生命而不是活出生命、使你尋求「認識」而不是啟悟、使你選擇「理解」而不是喜樂。

〔驗屍官再度走進畫面。她拿起電動鑽孔器。當驗屍官把鑽頭直接放在教士前額第三眼的地方時，鏡頭放大教士的頭部區域，並在鑽孔之前移開鏡頭。而教士的頭在鑽孔聲中繼續它的旁白。〕

靈魂中對應到創造界及四字神名的 Heh 之部分，稱作靈魂直覺（Neshamah）——即我們的超驗覺察（Transcendent Awareness）所在之處。如同肉體是動物魂魄的外殼、動物魂魄形成人類智性的外殼，人類智性形成靈魂直覺的外殼。

〔特效：鏡頭進入教士前額的乾淨鑽孔，裡面一片漆黑。〕

教士：

習修儀式魔法的人們常常彼此爭論這問題，「天使、魔鬼、精靈及其他魔法現象，到底是客觀還是主觀的實相？它們存在於我們之外，還是只在我們的頭裡面？」

答案很簡單。那些靈體及其他處在客觀實相的每個存在，都在你的頭裡面，只是你對於自己的頭有多大沒有概念而已！

• • •

地點：

教士的頭裡面——這是個舒適的洞穴，裡面有著大小恰到好處的火堆，而火堆前面有隻黃金獵犬趴在一塊編織的小地毯上打瞌睡，教士則躺進某張安樂椅。他正平靜地抽著菸斗，閉著眼睛，但其前額的眉毛皺了起來，就好像沉浸在很深的思緒或神祕幻想。他一直沒有睜開眼睛，但在幕後繼續他的旁白。

教士：

Neshamah、靈魂直覺，即你的靈魂裡面湯瑪斯·愛迪生大天使的部分，它是靈魂直覺（Soul Intuition）。它是我們的超驗覺察，也就是我們的超越思想過程、更能與終極實相和諧共振的部分。我們無法真的了解靈魂直覺，因為我們的思想機制是立基在人類智性，無法吸收如此多的資訊還能不過載故障。

為方便想像，我們把我的靈魂直覺看作是處在我的肉身頭骨內部。它也許在那裡、也許不在那裡，然而有一件事是確定的——我們的靈魂當中屬於靈魂直覺的部分並不受肉體的限制，它會延伸出去到無限遠。事實上就各方面而言，靈魂直覺的範圍都是無限的。

它所連到的能量與意識層級，即使我們的人類智性可以想像，還是無法了解。

我們都聽過這樣的故事，即母親雖然距離自己的孩子有數百或數千英里之遠，但是當孩子們遭遇危險時，她們都會直覺地知道。這是因為小孩在受創的時候發出某種信號，然後像打電報那樣越過海洋而到母親那裡嗎？不是的！那是因為母親的靈魂直覺龐大到小孩永遠無法離開其範圍，無論母子的肉身相隔多遠，小孩都會在母親的靈魂直覺裡面。

母親的直覺僅是這股超驗覺察之相當原始的例子。我很清楚知道，如果真的有可能了解人類靈魂直覺的廣度與潛力的話，我們就能夠解決許多圍繞在宗教傳統所謂的「超自然」事件之謎團，以及現代心靈力量研究無法回答的問題。

靈魂的最高部分則對應到原型界以及四字神名的 Yod，稱為 Chiah，是未經稀釋的「生命力量」本身，也是我們的真正身分，靈魂的其他部分僅是生命力量的面罩而已。如同肉體是動物魂魄的外殼、動物魂魄形成人類智性的外殼、人類智性形成靈魂直覺的外殼，那麼靈魂直覺形成生命力量的外殼。如果我們發現靈魂直覺難以談論，那麼對於生命力量的談論只會難上加難。

〔特效：鏡頭往後退，顯示出教士的頭裡面的整個場景只不過是某台電視的螢幕正在播放的影像。有隻拿著遙控器的手進入鏡頭的視野，然後那隻手拿遙控器對準電視按下某個按鈕，電視螢幕則換成在頻道切換時會有的雪花空白畫面。〕

〔教士就在電視空白畫面所發出的白噪音當中繼續他的旁白。〕

教士：

當我們轉到某個沒有播放視訊的電視頻道時，就會看到這片雪花影像，也會聽到這股惱人的嘶嘶聲響。天文學家現在會跟我們說，我們現在所看、所聽的一切只不過是大爆炸（the Big Bang）本身的輻射迴響而已，這迴響如鬼魅般地從恆星之間空無一物的空間散放出來。如果我們將這股無法想像的能量人格化，把它當成神來看，它將使那些屬於天上神族的次等力量與存在相形見絀到無足輕重的程度。而當我們拿生命力量與靈魂其他部分做比較時，也會如此，這就是它的本質。

Yod－Heh－Vau－Heh
原型界－創造界－形塑界－物質界
生命力量－靈魂直覺－人類智性－動物魂魄

動物魂魄是活著的，但沒有自我意識。人類智性具有自我意識，並意識到自己是活著的。靈魂直覺是生命意識的本質，然而生命力量即是生命本身，是靈魂的真正身分。

如果我們的轉世真的有什麼目的話，那就是完美整合靈魂的四個部分，好使我們履行身為完美至高意識單元的職責，並將那股意識毫不保留地具現在存在的所有層面。

〔特效：拿著遙控器的手再次進入鏡頭的視野，然後那隻手拿遙控器對準電視按下某個按鈕，電視螢幕瞬間變黑，只剩中央一個白色小點。那個白點逐漸轉暗到回復螢幕原有的黑色。〕

影片結束

Yod
Chiah
生命力量

生命力量是生命力本身，它是我們的真正身分，在各方面都與純然的神之意識完全一樣。

Heh
Neshamah
靈魂直覺

靈魂直覺是我們的靈魂當中超越思想過程、更能與終極實相和諧共振的部分。

Vau
Ruach
人類智性

Rauch 即是我們人類的智性，而這部分獨佔我們的注意力，其程度足以使我們把思考過程完全當成是我們自己。

Heh
Nepesh
動物魂魄

動物魂魄是我們跟動物界共有的意識原始層級——本能、原始的食慾、情緒及性慾——也就是生存機制。

圖十：靈魂的四個部分

第七章

生命之樹

—— 隆・麥羅・杜奎特 ——

科帖爾的光是「一」，是純粹的意識，其光輝永不消失。
它底下的九個輝耀僅是在分別與過濾那道光。
這道逐漸往下滴漏的意識，並不是神話中某個因吃了水果
而發生的事件，而是真正的「人之墜落」。

——教士拉梅得・本柯立孚德

　　對於小雞卡巴拉神祕家（還有其他比較看得起自己的現代學生）來說，那名為生命之樹的圖樣應是最容易認得的卡巴拉象徵。雖然它被當成是神的解剖圖示而受到尊崇，但不代表它是最古老的卡巴拉圖案[1]，然而它的組成成分——即十道名為「輝耀」（Sephiroth）[2]的創造原始放射，以及 22 條連結眾輝耀的路徑——則以非常簡要的方式顯示卡巴拉的教導中最為重要且珍貴的原則。

　　雖然《形塑之書》[3]並沒有提到生命之樹一詞，然而這篇偉大的文獻有提到「神……創造出具有 32 條智慧祕徑的宇宙，係由無中生有的十輝耀及 22 個字母所組成」，所以生命之樹可說是這個根本陳述的視覺展現。

那麼《形塑之書》的作者（們）如何認定這十個無中生有的輝耀以及 22 個字母就是神聖創造的載具呢？幾乎可以確定的是，這應是比《形塑之書》還要更早的口傳歷史，然而它必得源自某處。教士本柯立孚德果不其然有這方面的答案，故此章即是他在這主題的想法。

　　以下聽打文字與註記是來自兩段私藏甚久的錄音，係本柯立孚德於 1978 年與 1979 年錄製。在他公開牧事的期間，他的學生認為這些早期的錄音帶以及其附帶所謂的文件還挺丟臉的，這是有道理的，因為如果真的公開出去的話，必會損及本柯立孚德的名聲到無法挽救的程度。他們在意的點並不是資料的內容（你們等一下就會看到，裡面滿滿都是卡巴拉的智慧），而是其呈現方式是以懷疑的角度來鋪陳。

　　教士看似要我們相信他的確持有那由二千五百年前「所羅巴伯哲學青年學院」的學生所寫的「論文」原作，但是我想讀者應該已經知道本柯立孚德又在戲弄我們了，所以應該不用特別提醒。然而請別因這種文學呈現方式而不去思索這些短篇作品的價值，它們在呈現卡巴拉的邏輯方面算是我所見過的一些最佳巧妙範例。我發現，我們很容易就會相信，卡巴拉在久遠過去的基本要素發展過程，應該不會跟這些虛構學生的描述相差太多。

神聖數字及生命之樹的創造

係編輯自教士拉梅得・本柯立孚德
的演講錄音所述內容與註記

早安，我的朋友。咖啡與甜甜圈請自行取用。今日的演講很特別（甚至還有錄音），所以我希望你們都要保持清醒。我對於今天要講的內容感到相當雀躍，希望你們也是如此，因為我們不僅要學習神聖數字及生命之樹的創造，而且還會首度探究一些關於這間美好學院的歷史之驚人事物。所以請坐在自己的位置上並安靜下來。（學生問了一個蠢問題。）好的，不過襪子還是要穿著。

我常遇到這樣的問題：「教士本柯立孚德，你常提到所羅巴伯哲學青年學院，但我們都沒看到相關的建築物，也完全沒有在學校名單上，甚至連黃頁電話簿也查不到這個機構。這個所羅巴伯哲學青年學院該不會是你想像出來的吧？」啊～我的朋友，你們盡可能嘲笑我沒有關係，但你們只要查看那些神聖經典就好。看啊！它就寫在舊約聖經的〈以斯拉記〉第十一章。[4]

第十一章

1. 而在第二聖殿完成兩年之後，以色列的祭司以斯拉諭令，為了發現所有關於神、人類、宇宙與生命的一般知識，當要建立一所學校。	以斯拉記7:6 申命記34:3
2. 對於這項宣告，以色列人民及政治領袖均大為驚恐。	何西阿書9:6
3.「獲得知識對我們有什麼好處呢？我們要為這個事情付多少代價？以斯拉認為我們像赫人（Hittites）一樣富有嗎？」	或 隕石
4. 說真的，這個事業體看似毫無指望，雖然人民相當認真與虔誠，也尊敬以斯拉的智慧，然而沒有人能夠接受將珍貴資源虛擲在如此模糊且難以確定的努力上。	路得記7:4 創世記13:15
5. 然而以斯拉像蛇那樣睿智，他清楚神的本質（如果神是真正的神）必會在每個受造事物上被反映出來。	以賽亞書30:6 創世記1:27
6. 所以如果有人對於任何事物予以夠長、夠深的冥想，神遲早會在那事物中顯出自己！	或 禪
7. 他跟自己位於西耶利哥的出版商商量此事，即曾在巴比倫之囚（the Babylonian captivity）的黑暗時代出版以斯拉頗具爭議的著作《五經：摩西五書》（*Pentateuch: The Five Books of Moses*）的努特與蓋布公司（Nut & Geb），而且還與孟斐斯莎草紙公司（Memphis Papyrus Company）的財務長共進晚餐。	列王記下24:12 列王記上15:5
8. 他向這些商界的大人物發誓，如果他們願意資助這個神聖機構，他保證這學校永遠會把他們的《五經》版本當成基本教材來用。	或 賄賂他 或 最便宜的
9. 此外，他脫下自己的一隻鞋子、除下自己的一隻襪子並捧在手上，鄭重發誓自己會跟努特與蓋布公司簽下獨賣合約，永遠由其為學校提供精裝本的《五經》。	或 更有油水 的生意

圖十一：摘自〈以斯拉記〉

※ 譯註：以上提到經文出處，均在舊約聖經。至於「或……」是可以用來更換對應經文的某個詞彙或文字，像是第8節的「基本」教材代換或「最便宜的」教材。

因此在二千五百年前，所羅巴伯哲學青年學院（Zerubbabel Institute of Philosophical Youth）、簡稱 Z.I.P.Y.，就已誕生。親愛的學生啊，你們就是這項傲人傳統的繼承者。

就讓我們想像自己是當時那間偉大卡巴拉學校最初的學生。我們並不確定自己是如何進來的，也許是有拿到獎學金，也許我們的父親很富有或是耶路撒冷商會的會員、政府的公職人員或神殿的聖職人員。無論我們進入這所學校的方式為何，我們的功課其實相當單純——就是去「思考」事物，從早到晚、從晚到早均是如此。

為了專注我們的思緒，我們的老師只給我們一本教科書，即《五經：摩西五書》（Pentateuch: The Five Books of Moses）。[5] 我們得知這些文字相當神聖，還有如果我們自願勤奮專心去做這件事的話，天地的每個奧祕都會從這些書頁中自行向我們顯現。

「但是，老師，」某位學識頗豐的學生也許會插話，「我已經讀過《五經》好幾遍，但是天地的奧祕都沒向我顯現。」

「那麼，孩子啊，」我們的老師可能這樣回答，「你必須尋求它們——一次只探索一句、一字、一個字母。如果這行不通，那麼你就要倒著讀這本書的內容，計算幾個文字的數值、計算幾個字母的數值，進行調換、轉換、轉譯、音譯，把字母的順序打散再重新編排——將它們去皮、切分、放大、同義化、反義化、同形或同音的異義化（homonymize，應為 homonymy 的動詞化），直到你的腦袋爆炸為止。只有到那時候，神的純粹智慧才會湧入你那已空無一物的頭顱以填滿空虛。」

「但是，老師啊，如果神做出每一事物，且祂的本質瀰漫在每事每物之中的話，那麼我們檢驗、冥思的對象不一定要用文獻吧，而是『任何事物』都能給予我們同樣的靈性開悟吧？」

「是的，孩子，你說的完全沒錯。然而事實上，我們已經跟跟努特與蓋布發行商簽下獨賣合約，永遠由它為學校提供精裝本的《五經》。」

當然我們無從知道當時的師生之間是否有這樣的對話，不過我所持有的文獻沒有含糊不清之處。[6]這些年代已經超過二千五百年的文獻，是我用高價向美國紐奧良某位聲譽良好的古物商購得。它們的確是所羅巴伯哲學青年學院的教室教學材料之真跡。

有幸的是，這些文獻都是在講生命之樹概念的進化，所以我認為將這份稀有的歷史資料完整重現，應是最能展露卡巴拉的思想技藝在運作時的表現。

課堂正式報告珍稀正本
所羅巴伯哲學青年學院

課　　程：卡巴拉的一○一種思想方式
教　　師：教士米爾頓・羅伊（MILTON ROE）
開課日期：西元前 520 年亞達月（Adar）23 日[7]

冥想經文：

> 因此以羅欣祂們依自己的形象創造亞當他們，
> 祂們依男女的形象創造他們。
> ──〈創世記〉1:27

基礎假設：我們每一個人都是依神的形象所造。

第一項作業：思索自己本身，然後以神的創造本性為題撰寫三百字的論文。

獲選的第一篇論文：
係由耶利（Jehiel）之子、示迦尼（Shechaniah）所呈

　　當教士羅伊指派我們去思索自己並以神的創造本性為題撰寫論文的時候，我原本很確定自己寫不出來，然而我開始思考──該句經文稱以羅欣依照以羅欣的形象創造亞當（或人類），而我們也沒有

聽説蛇、土豚（aardvark）、魚、蟲或其他動植物是依照以羅欣的形象而造。

就我看來，這裡真的要問的問題會是：「什麼事物使人跟其他動物有所分別？」我想到一個答案，至少有一個。

就是拇指！我們有拇指！

人猿、猴子及一些狐猴（lemur）當然有拇指，然而牠們全都無法用拇指來創造東西。我們的拇指與其餘四指相對的這個事實，是使我們有別於動物近親的十分重要之處。藉由相對的拇指，我們的祖先能夠製造武器、控制火焰、製作工具及器具、創造藝術作品以及舉手示意搭便車。我們的手使我們成為具有創造性的存在（就跟神一樣），而拇指是我們的手得以成功的關鍵。於是我做出以下結論：

◆ 造物主（或是宇宙的創造機制）的「手」必得是絕對的「一」（unity）（由拇指作為象徵）。它藉由某個具有四部分的過程（以其餘四指為象徵）行使自己的創造力量。於此，我相信這就是尊貴的祖先所崇拜的神，其偉大之名係由四個字母 יהוה 構成[8] 的首要原因。

◆ 希伯來文的「手」是 יוד（YOD）。而 Yod 是希伯來字母表排序第十的字母，也是字母表裡面的根本字母。我的父親是這樣教導我的：「Yod 是一縷火焰，向它吹氣的話就能形成字母表的其他字母。」Yod 也代表我們的計算系統裡面的數字十。更甚的是，我們也可以看到神聖數字四本身有藏著數字十（$1+2+3+4 = 10$）。

結論：

在對自己與自己的手冥想之後，我得出的結論是，世上的確有一個神，而祂藉由具有「四」部分的過程進行創造，最後會透過「十」個表現層次來具現自身。因此我堅決主張數字一、四與十應被認為是神聖數字，並且應該在我們的研究中具有首要的重要性。

末註：

親愛的羅伊博士，

這篇論文字數有398個字（此為原文的字數）。這樣是否加分？

——示迦尼，耶利之子

獲選的第二篇論文：

係由耶西雅（Jeziah）之子、拉米亞（Ramiah）所呈

在昨天聽到示迦尼在對於神的創造本性之論述中所展現的精采邏輯與洞見之後，我對這位同學深感佩服，而且我敢保證全班都是這樣的想法。我完全接受他的所有結論，想把它們當作後續討論的基礎。

我想我們都同意人的手藉由相對的拇指所展現的創造力量，是人有別於其他世間生命的重要特徵。還有，依神的形象所造的我們，也應當認為神是絕對的單子（monad），係藉由具有四部分的過程行使自己的創造力量，這樣的想法相當有道理，而且也相應我們的傳統卡巴拉四界觀[9]，以及對應到人的靈魂四部分[10]，所以數字一

與數字四值得我們尊敬。示迦尼也有指出，由於 Yod 字母是神聖希伯來字母表的第十個字母，而 Yod 也代表數字十，所以我們也要相當尊敬數字十。此外，我們也要記得自己有兩隻手，也就是共有十根手指，所以此項事實更加強調數字十的重要性。

我現在想指出的是，Yod（ᵞᵛᴰ、YVD）的完整拼字之數值（Y、=10、V=6、D=4）總和為20，而這會讓我們想到的是，我們（因此神也是如此）總共有20根指（趾）頭（digit），因為就像睿智的鞋匠講的，我們可別忘記自己的腳趾。

你現在也許會問：「數字 20 會像數字一、四、十那樣神聖與重要嗎？」我的回答是「不會」，因為我們的十根腳趾雖然為身體提供一定的對稱美，然而它們並不真的使我們有別於靈性天生較少的其他生物。然而在兩套手指的中間，卻有一樣事物使我們有別於其他生物。

那就是我們的舌頭！我們具有舌頭，也就是說話的力量！我們藉由說話溝通並提供資訊——完全就像神所做的事情！我們藉由說話在自己與他人的心智中創造形象——完全就像神所做的事情！我們藉由說話為自身周遭事物命名並組織自己的想法——完全就像神所做的事情！我們藉由說話祝福友人、咒詛敵人——完全就像神所做的事情！我們藉由說話來指使、制服並剝削任何意志比我們薄弱的人們——完全就像神所做的事情！

最後要說的是，在我們的兩套腳趾中間的事物，使我們能夠依自己的形象確實創造出其他的人類個體。當然，具有生殖功能的生物並不是只有人類，然而我們的父親亞伯拉罕跟神立下誓約，而這誓約係由某個奇特的肉體損傷方式以得到保證。割禮的儀式並不

只是象徵我們對神的服從，也代表我們已經自己認知到我們能為家庭、種族及人類的更大利益來掌握、控制自己的性慾。

結論：

我認為我們都能同意，我們獨有的說話能力，以及像神一樣的創造力量（即男人與女人的陰部所具有的力量），的確符合神之特徵的資格，因此使得數字22的重要性應當跟數字一、四、十相同，如同我們的希伯來字母係由22個字母構成，所以我想這一點應無爭論。

——拉米亞，耶西雅之子

第二項作業：角色扮演練習

　　你是神。你還沒創造任何事物。
你會怎麼從自己的一創造出宇宙萬物？

加分條件：找出其他的神聖數字。

獲選的第一篇論文：
係由亞西撒（Aziza）之子、扎拔（Zabad）所呈

在研究獲選的幾篇論文之後，我得承認自己在分享冥想成果時有點不好意思。我並不像大部分的同學那樣來自大都市，所以我想自己的心智之輪自然會尋求較為冷僻且舒適的研究路線。

我唯一知道的是，如果我是那位還未創造的神，我必定非常寂寞。身為唯一且絕對的存在，我甚至不會了解自身的本質。我用一個簡單的圓形來象徵這種位於創造之前的狀態（其理由是圓形沒有起點與終點），並將神聖數字一配賦上去。

$$① $$

圖十二：神聖數字一

　　既然我是「一」、是絕對的存在，那麼就可以合理推得「一」是唯一真實的數字——即唯一合理的實相。身為神的我認為自己應會對「一」的狀態感到相當開心，所以保持那樣就好，然而明顯發生某種事，使我進行創造，而為了可以創造出宇宙的眾多事物，需要創造出更多的數字。我認為這過程應是以下這樣。

　　感覺孤獨且無聊的我開始思索自身本質。「我是什麼？」這是很難回答的問題，因為我是唯一的「一」，沒有可以用來跟自己比較的東西。我不是「這個」也不是「那個」，因為我還沒創造出「這些」或「那些」事物。我是絕對的存在，沒有甚麼「外在」可言。我無法拿起一面鏡子，一邊看著自己的形象、一邊說：「喔～看啊！原來我是這樣啊！」然而，我能藉由極深的靜止與專注，將自己的注意力焦點轉向內在，就像印度的聖人在自己的存在核心之處觀察自己的完美投射，那時應是首次意識到自身存在的我會喊著：「我是這個！」

　　在那瞬間，當這些字迴盪在我的絕對存在之中時，我就掉出「獨一」（singularity）的純粹完美狀態，因為我得要承認「二」的概念：

我自己（「我是……」）

$$1$$

以及我的投射（「……這個。」）

$$2$$

圖十三：二的概念

　　喔！可惡！在把「二」帶入存在、我自己覺知到自身投射（即我的「非我」）的瞬間，就創造出「三」的概念，而那就是……「分別」出我自己與非我的「知識」——我是「這個」，但「那個」不是我。

$$3$$

圖十四：三的概念

結論：

　　我主張創造的開始時機，應是神在毫不分心的狂喜中有所擾動並開始覺察到自己的那一刻，而那樣的動作將它的本然存在（self-existence）（即不可思量的神聖合一）轉變成它的自我形象（self-image）（即創造之神的身分）。因此，我建議我們也應考慮將數字三當成我們的原初神聖數字之一。

——扎拔，亞西撒之子

獲選的第二篇論文：
係由示每（Shimei）之子、約澤巴（Jozabad）所呈

西元前520年亞達月（Adar）23日

　　我要感謝亞西撒之子扎拔對於神聖數字三的精采論述，但我也確定他如果昨晚沒有棄下熬夜趕作業的大家於不顧、如果沒有趕著去西伯大尼（West Bethany）以便在某間預約制的酒館「意外」跟別人的女友碰面並一直請她喝石榴汁氣泡飲料的話，必定能為我們闡明更多事情。

　　即使如此，我個人的自我控制以及對於研究的熱心奉獻使我得出以下成果：

　　由於「二」與「三」僅是「一」的屬性，它們應當與數字一一起看成是一個「三合一單元」（Trinity Unit）。

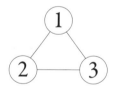

圖十五：三合一

　　一如原初的一反思自身而成為二，這個三合一單元在反思自身時，也投射自身而創造出第二個三合一單元：

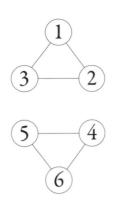

圖十六：第二個三合一

　　如同原初的三係於「二」的產生瞬間被創造出來，第三個三合一單元也是轉瞬間如此被創造出來：

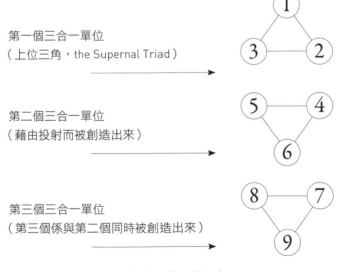

第一個三合一單位
（上位三角，the Supernal Triad）

第二個三合一單位
（藉由投射而被創造出來）

第三個三合一單位
（第三個係與第二個同時被創造出來）

圖十七：第三個三合一

結論：

　　如同扎拔所得出的結論，當神定義自己並開始自我覺知的時候，創造就開始進行，而這三部分成一組的動作則將「一」定義成抽象、未具現的三合一單元，即上位三角（the Supernal Triad）。然而扎拔顯然過於分心而沒有了解到，神不可能在自知（self-knowledge）即停下腳步。那動量已被建立起來，所以會繼續形成後續六道能被感知（phenomenal）的放射，而宇宙則藉由這些放射為自己的無限可能性進行分類與組織。下圖即是對於這概念的描述：

那道神聖之光首先從上位三角
「投射」（project）出來，……

……然後就像陽光透過稜鏡那樣，
那道光被「分散」（shatter）
為接續的六道逐漸下降的發射
並藉此過濾之，……

……直到它最後「具現」（manifest）
在物質層面
——塵世——也就是數字「十」。

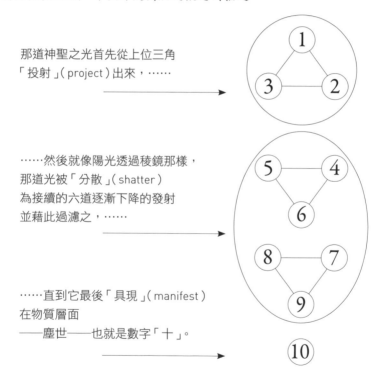

圖十八：神聖之光的投射、分散與具現

我相信那掛在三個三合一單位後面的「十」看起來就像單獨一顆懸在樹上的莓果，然而它提供一個環境、一個「王國」（Kingdom），將那已散射並結晶化的神聖之光困在物質的牢籠裡面。我們就活在這個王國之中。它是眾放射當中最低者，是神聖之光以自身最低頻率振動之處，是不可見變成可見的地方。

——約澤巴，示每之子

獲選的第三篇論文：
係由亞西撒之子、扎拔所呈

看到那位受人敬重的同學示每之子約澤巴在靈性洞見的絕妙展現，使我深感自己的不足。藉此，我提議他對於十道放射或輝耀的圖像排列，從今日起應要稱為「約澤巴的十個編號泡泡」。

然而儘管吾友天分應當予以尊敬，但我想要指出他的十個泡泡其實還有幾個重要的面向可講，只是他忙著在教職員面前故作高尚而沒有注意到它們。

當我們看向創造的全部十個步驟時，會注意到「十」的放射是「九」的投射、「九」是「六」的投射，而「六」是「一」的投射。

這就像是神的神聖之光……

被反映在太陽並具現出來……

而太陽被反映在月亮上……

而月亮被反映在塵世上。

圖十九：創造的步驟

對於宇宙架構而言，數字①、⑥、⑨與⑩所形成的「約澤巴的十個編號泡泡」之支柱，就跟脊柱對於人體一樣至關重要。它們也象徵神之名**יהוה**（Yod-HehVau-Heh）的四個字母，以及其在宇宙及人類靈魂所代表的一切。[11] 如果同學對此仍有質疑，請容我指出數字①、⑥、⑨與⑩的總和為 26，這是與神的至高之名**יהוה**完全一樣的數字。

此外（而且我相信更加重要），當我們畫出連接數字①、⑥、⑨與⑩的三條路徑時，就有十二條路徑被創造出來——我稱之為「扎拔的光榮十二路徑」（Zabad's Twelve Paths of Glory）。這十二條路徑連結十道放射，而使得創造的總步驟數為神聖數字 22！

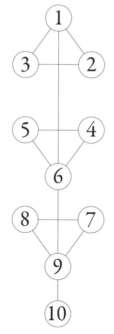

圖二十：十二路徑

結論：

　　我相信自己已成功展示神（也就是 1）如何藉由 4、10 與 22 的媒介創造這個宇宙以及我們所感知的實相本質。我認為教士羅伊及全班同學應能看出，我已經精通這項作業，而且已經從這條思路擠出所有能被萃取出來的智慧。我建議我們換別的主題，例如我們何時可以改成男女同校？

──扎拔，亞西撒之子

優勝得獎論文
係由耶西雅之子、拉米亞所呈

　　對於同學們所展示的聰明與睿智，特別是亞西撒之子扎拔及示每之子約澤巴近期互動所得成果，讓我再次驚嘆不已。在下必得承認，單憑自己的軟弱思維，絕不可能發展出「約澤巴的十個編號泡泡」或「扎拔的光榮十二路徑」。所以我在此增添的任何事物，都只能視為敝人在這兩位巨人的肩膀上所搭建而成的一棟矮屋，此點務請了解。

　　然而扎拔認為，我們對於他與約澤巴積極構思而成的圖像所進行的冥想已經完結，我必須對他的意見使勁表示不同意。身為全班第一位為大家指出數字 22 的神聖性的學生，我必須帶著敬意指出扎拔在他的「扎拔的光榮十二路徑」之思路的某些瑕疵。因此，我會先從自己的想法說起，亦即我相信這個圖還有兩根支柱，就位在中柱的兩側（參見圖二一）。

依基本假設所言，我們每個人都是依神的形象所造。而這兩根支柱對應到人體的左右兩側（而中柱就是脊柱）。那將我們的實相觀點深深切分的宇宙二元對立概念，無論有多少變化——像是光與暗、男與女、強與弱——都可以完全收攏在它們裡面，而中柱則用來平衡、調和這些極端。

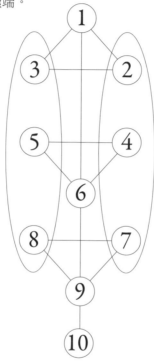

圖二一：兩條增加的支柱

　　此外，我相信那些將十輝耀連在一起的路徑並不僅是用來固定眾放射的釘子，而是神之智性的真正管道，為個別輝耀與其鄰近輝耀往來傳送它們的影響力。因此，所有輝耀都應當有路徑予以連結（如圖二二）。

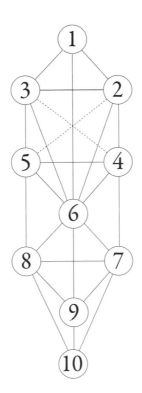

圖二二：輝耀全都連結在一起

　　你們會在我的圖中注意到 3 與 4 之間、2 與 5 之間有用虛線畫的
線條，那是因為我相信「這兩條路徑並不存在」。為了解釋此點，我
們得暫時回到扎拔在解釋一如何變成三的較早論述。如果你們還記
得的話，他有寫到「一」是唯一真實的數字、「二」僅是「一」投射
出來的映影，而「三」僅是認知到「二」不是「一」的狀態。

　　同樣地，①②③是唯一真實的三角，而④⑤⑥僅是它的映影，
而第三個三角也只是第二個三角的複製而已。在第一個三角與第二
個三角之間的區域就像鏡子的表面那樣無法穿透——那就是無從理
解的「深淵」。

當我望向那片掛在宿舍房間牆上的鏡子時，我看到自己的映影，那是一幅虛假影像，但它顯現出刻正處在真實房間裡面的真正的我。神也是如此。上位三角（①②③）是「真實」的事物，存在於鏡子／深淵的「真實」那一側。而在鏡子／深淵的「非真實」那一側，則是一切非真實的事物（包括你、我以及我們在這宇宙感知到的每一事物），它們看起來像是實相，那是因為，如同我在鏡中的映影，它們必定會是真實的上位模組與形狀之「形象」。

正如我使鏡中自身映影看起來栩栩如生，上位三角的那道活光也使得受造萬象活靈活現。事實上，那道光才是我們的真正身分，至於我們怎麼看我們的身體、我們的世界以及我們自己，僅是神聖存在於深淵分散其光輝之後的晦暗映影。我們甚至不是真的活著，僅是真實生命的映影而已，一如「因此以羅欣祂們依自己的『形象』創造亞當他們，祂們依男女的形象創造他們。」

如同我們無法走進鏡子所顯現的房間映影，所以上位三角的③與第二個三角的④之間不會存在路徑，至於其他看似有越過深淵的路徑，它們並不是真的路徑，而是「被反映出來」（reflected）的路徑，或者是通道的「倒影」

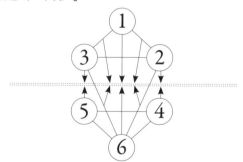

圖二三：路徑的反映

◆ 連結①與⑥的路徑，是①與⑥之間的通道倒影。

◆ 連結②與④的路徑，是②與④之間的通道倒影。

◆ 連結③與⑤的路徑，是③與⑤之間的通道倒影。

◆ 連結①與②的路徑，則被反映成連結②與⑥的路徑。

◆ 連結①與③的路徑，則被反映成連結③與⑥的路徑。

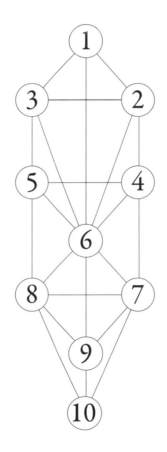

圖二四：完整的生命之樹

結論：

如此一來，我們就有 22 條連結十輝耀的路徑，就讓敝人擅自把它們稱作「拉米亞的 32 條智慧祕徑」（Ramiah's 32 Mysterious Paths of Wisdom）。我個人堅信——雖然我此刻並沒準備要繼續闡明下去——這 22 條路徑直接對應到我們的神聖希伯來字母表的 22 個字母，所以我堅決主張這些路徑在這個「生命之樹」（敝人也擅自為這張圖命名了）的排列所具有的奧祕，應是我們最終回歸到原初神聖身分的關鍵。

——拉米亞，耶西雅之子

第八章

卡巴拉魔法與生命之樹

——— 隆・麥羅・杜奎特 ———

> 這一切都在你的頭裡面，
> 只是你對於自己的頭有多大沒有概念而已！
> ——教士拉梅得・本柯立孚德

　　傳統社群最討厭教士本柯立孚德的地方，即他鼓勵自己的學生學習與實踐召靈（spirit evocation）的魔法技藝，而他自己也不諱言自己有時也會召喚惡魔與天使協助處理特定的個人問題。他在教導時表示，召喚靈體來進行自己指派的任務完全符合他的場理論（field-theory），即「這一切都在你的頭裡面，只是你對於自己的頭有多大沒有概念而已！」他堅持，個人意願的遂行（successful completion of any act of will）即算是一種召靈的形式。

　　不幸的是，他從未把這部分當成課程指導的必教項目，所以同樣沒有留下自己在這領域的個人修習紀錄，所以能讓我們得以一窺他的靈性生活所具有的繽紛面向之資料其實很少。

後面所列內容，原是所羅巴伯哲學青年學院關於生命之樹之產生的論文附錄。它明顯並非用來當成召靈的綜合論述，然而它的確具有非常有用的上下階級表，清楚標示出生命之樹宇宙觀當中大天使、天使、智性與精靈的上下管轄關係。伴隨的文字也透露本柯立孚德對於卡巴拉儀式魔法基礎理論的基本態度，對於任何想要開始習修此類技藝的人們而言，我相信這部分的價值應是無法估量。

　　然而在進入那篇論述之前，我想先讓我們來看一下本柯立孚德在 1988 年的一封讓人激起興趣的短信，收信者是某位在美國印第安那州的學生。他的信是在回應這學生對於那本召魔書（the Goetia）[1]所載靈性存在之召喚的相關問題。

　　教士本身也承認自己的答案業經相當程度的簡化。即便如此，我知道若論卡巴拉魔法與召靈的基礎理論的最佳定義，當屬他在信末所寫的話：「神、大天使、天使、精靈、智性與惡魔，都是我們一切能力與潛在能力的擬人化象徵——而這套以意識區分的奇妙階級組織，則象徵我們自身靈魂在細分時的諸部分。」

這些靈性存在是善還是惡？

沒錯，它們是善良的。對，它們是邪惡的！

這些靈性存在是真的，還是想像出來的？

沒錯，它們是真的。對，它們是想像出來的。

這些靈性存在是我的一部分，還是在我之外獨立存在？

沒錯，這些靈性存在是你的一部分。對，純就「表象」而言、純就「實際運用」而言，它們是在你之外獨立存在。

這些靈性存在危險嗎？

是的，絕大多數確實如此，靈性存在非常危險。

這些靈性存在能傷害我嗎？

是的，絕大多數確實能夠如此，靈性存在能夠傷害你。它們無時無刻都在傷害你。

這些靈性存在能毀掉我的人生嗎？

是的，絕大多數確實能夠如此，靈性存在能夠毀掉你的人生。

這些靈性存在能殺害我嗎？

是的，絕大多數確實能夠如此，靈性存在能夠殺害你。

這些靈性存在能夠傷害我的愛人、我的鄰居、我的國家或是地球脆弱的生態系統嗎？

是的，絕大多數確實能夠如此！事實上，任何你能想像得到的暴行、任何你能設想得到的惡事、任何你能在腦海描繪出來的駭人舉動，這些靈性存在都能強加在你、你的愛人、你的鄰居、地球或整個人類種族身上。你會不會後悔自己問了這個問題？

然而最重要的問題，你卻沒有提到——

說到底，怎麼會有人想要連結如此可怕、恐怖的存在啊？

這答案大概不會是你想聽的版本，不過我還是把它說出來吧：

那是因為，直到你精熟這些靈性力量，並有意識地將它們那難以想像的力量重新導向比較有建設性的目標之前，它們的狂野能

量就像倒進排水管的強鹼疏通劑那樣，會在你的靈魂裡面沿著最沒有阻力的大小通道不斷奔流而下。當你虛弱的時候、當你疲憊的時候，或是當你生病、壓力大、酒醉、嗑藥、嫉妒、生氣、傷心、受辱、怨恨、痛苦、屈從貪欲或被捧上天的時候，或是當你害怕的時候——特別是當你害怕的時候——它們就能夠毀掉你的人生、傷害或甚至殺害你或你的愛人，使你的生活變成人間地獄。

當然，上述是最糟糕的情況。我們絕大多數人對於自己的靈性存在都有足夠的約束力，使我們保持在不會坐牢或進精神病院的狀態——然而我們還能做得更好。如果大家在這方面都能做得更好，這世界幾乎必然會是更加美好的地方。

就讓我們回頭審視你的問題，並為我之前油嘴滑舌的回應增添一點份量。

這些靈性存在是善還是惡？

嗯～它們或善或惡，就像電力也是或善或惡，端視使用它的方式而定。

這些靈性存在是真的，還是想像出來的？

它們同時是真的，也是想像出來的，只是我們絕大多數人並不了解自己的想像會有多麼逼真。

這些靈性存在是我的一部分，還是在我之外獨立存在？

這些靈性存在就在你裡面，然而絕大多數人並不了解：一、我

們「內在」的真實大小，或是，二、這些處於自身內在的事物看似不受控制的獨立表現，可以到什麼樣的程度。

讓我們暫時假裝自己的頭腦（請要記得，科學家認為我們只有用到頭腦的一小部分潛能而已）具有執行任何事情的力量與能力。（當然不是如此，還記得靈魂的四部分吧，其中的靈魂直覺巨大到不可思議，靈魂的這部分使你的母親會在你出狀況的時候抓狂，即使你人遠在月球上依然如此。）為了讓解釋簡單易懂，所以我們還是暫時認為自己的一切力量與能力都是頭腦的功能就好。

在這假裝的情境當中，由於頭腦是我們個體存在的全能指揮者，所以我們可以稱它為我們的生命之神。這個神是個優秀的管理者，知道如何有效率地分派權責以完成事情。然而，在它之外並沒有可供它取用的資源，這個腦神必得把自己分割成幾個大區域，在自己的裡面創造出一個理事會。

其中一位理事控制我們的邏輯與演繹過程、另一位理事負責我們的想像與藝術感受能力，某位理事負責我們的睡眠與夢境，還有一位理事安靜地接合我們的神經系統。頭腦的這些大區域，即理事會裡面的理事們，就是負責執行腦神意志的「大天使」。

如果我們去切分頭腦的大天使區域，就會發現它們裡面有著更小的區域，各自在所屬大天使的轄區負責更為特定的工作。例如，在負責邏輯的大天使裡面，我們會找到負責加法、減法、觀察及記錄因果過程的區域。我們可能會在負責藝術的大天使裡面找到能夠讓我們欣賞美好繪畫的區域，或是能讓我們在看到穿著棕鞋、白襪與晚禮服的男人時心生警惕的區域。這些從腦中大天使區域細分的中層管理區域就是「天使」。

再繼續切分頭腦的話，我們就會發現每個天使區域還會有更小的區域，且負責所屬天使部門中更為專一的應用方式。我們可以一直切分下去，產生更小、更專一的智性、靈體，甚至——沒錯——還有惡魔。

用於魔法的召喚術僅是在確認特定的靈性存在，即能夠完成我們想要完成的任務之靈性存在，然後按照由上而下的順序，啟動那些能夠管控該靈性存在的頭腦區域。

神、大天使、天使、精靈、智性與惡魔，都是我們一切能力與潛在能力的擬人化象徵——而這套以意識區分的奇妙階級組織，則象徵我們自身靈魂在細分時的諸部分。

　　我確定你們都會同意，你們那些在古代的同學所寫的論述真
的非常了不起，也在生命之樹的創造上為眾概念的邏輯推演過程提
供清晰的洞見。我相信你們都會這樣自言自語：「哼，如果我終日
只要一直思考不用做其他事情的話，我也能把那些東西想出來！」
然而，在首屆所羅巴伯哲學青年學院學生的論文中，並沒有提及生
命之樹的許多重要且實際的面向，所以這方面的填補工作就落在我
身上。

　　然而在開始之前，我想要你們別忽視一項事實，亦即當我們在
討論眾輝耀的時候，其實是在討論意識的諸多層次。當我使用「科
帖爾的純粹之光」這個詞時，並不是講宇宙中的某道強烈光束，而
是指神的純粹全在、全能、全知以及大～到每事每物都包含在內的
意識。

　　以上務請牢記，所以在玩弄生命之樹的概念之前，我們先來思
索三種奇妙的「無」（否在、無限的無及無限的光）。它們就像是某種
尺寸不明的宇宙蛋，以某種方式設法把那個「一」（科帖爾、王冠、
神的本身）帶入存在，而生命之樹的其他輝耀都僅是這個「一」的面
向。越往生命之樹的下方走，這些輝耀看似純度就越降低，但事實
上，這僅是幻象而已。

圖二五：宇宙蛋

　　科帖爾的光是「一」，是純粹的意識，其光輝永不消失。它底下的九個輝耀僅是在分別、過濾那道光。這道逐漸往下滴漏的意識，並不是神話中某個因吃了水果而發生的事件，而是真正的「人之墜落」(Fall of Man)[※]。

　　而在圖二六中，我們可以看到這個退化過程投射在生命之樹上，並為其賦予各式各樣的人格化，使整個生命之樹看起來像是功能失調的家族。

◆ 一：科帖爾（王冠），神的本身（the Self of Deity）。

◆ 二：侯克瑪（智慧），宇宙父親（the Cosmic Father）。

◆ 三：庇納（領會），宇宙母親（the Cosmic Mother.）。

◆ 四：黑系德（仁慈），表現出來的父親（the expressed Father），
　　　父親般的、組織化的、官方的。

◆ 五：葛夫拉（力量），表現出來的母親（the expressed Mother），
　　　積極的、猛烈的，然而也有滋養的面向。

◆ 六：悌孚瑞特（美），子（the Son），是這一切的最終結果。

※ 譯註：Fall of Man 一般譯為「人之墮落」，然而「墮落」的語意及語境均偏負向，已無法代表意識向下滴漏的純粹過程，故使用語意及語境均偏中性的「墜落」。

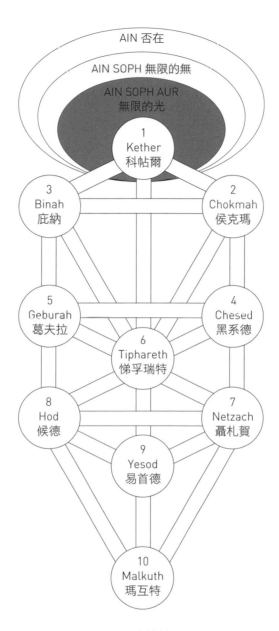

圖二六：意識諸層級

◆ 七：聶札賀（勝利），退化母親（the degraded Mother），動物情緒。

◆ 八：候德（榮耀），退化父親（the degraded Father），動物理性。

◆ 九：易首德（根基），退化兒子（the degraded Son），動物生命。

◆ 十：瑪互特（王國），退化女兒（the degraded Daughter），即未經啟蒙的人類之靈魂狀態。

卡巴拉神祕家再繼續細分意識宇宙，將所有事物分成四大項——即四個生命之樹，每個生命之樹都對應到偉大神聖之名 Yod-Heh-Vau-Heh 的四個字母之一、卡巴拉的四個世界之一，以及人類靈魂的四個部分之一（請參考圖二七）。

請要記得，這些都是意識的層級，而不是位於宇宙某處的地方或天堂。如果你一心等著自己死掉，使自己能夠到達這些「較高」的地方，那麼你到時也許會感到非常失望。死亡也許不是你所想的樣子，而且你也沒有理由相信自己死後會比生前還要來得聰明。趁你還擁有由四部分組合起來的靈魂時，努力達到個人的明悟吧！

這個神聖階級排序是宇宙、你與我的組織流程圖。神在原型界的十個部分掌管創造界的十位大天使，而大天使們則掌管形塑界的十個天使團，而天使團則掌管物質界形形色色的精靈（spirits）。如果我們想像這四個生命之樹上下疊在一起的模樣（如圖二八），誰掌管誰就容易看得清楚。

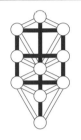

Atziluth
原型界
神的世界
統治之名（神的意志）

Chiah
生命力量
我們與神共有的
真正身分

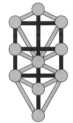

Briah
創造界
大天使的世界
（神的心）

Neshamah
我們的靈魂直覺

Yetzirah
形塑界
天使團的世界
（神的心智之眼）

Ruach
我們的人類智性

Assiah
物質界
人、精靈與惡魔
的世界
（神的遊樂場）

Nephesh
我們的動物魂魄

圖二七：卡巴拉的諸世界與人類靈魂

神聖之名在原型界

大天使在創造界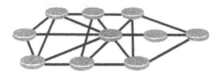

天使在形塑界

智性、精靈與惡魔在
物質界

圖二八：神聖階級排序

　　事實上，物質界的所有粗活都是精靈在做。你也許認為我說得
不對、也許會指出推動這裡的事物者應為自然力量、人或機械。但
事實上，這裡的精靈係指靈性位階，而這個位階就是在表象宇宙進
行每事每物的執行者。

　　例如，我現正站在教室前面的講台上。我渴了，想要喝水。我
跟某位學生說，請他幫我拿杯水過來。而那學生站起身來，走到教
室後面的飲水機、接好一杯水，然後把整杯水帶回給我。

　　這個簡單場景看似沒有什麼魔法，對吧？然而就我看來，這是
一場美妙的成功施法召喚過程。藉由我的意志力（還有寥寥數個經過
精挑細選的咒語用字），而推動了整個靈性存在階層。

- ◆ 我，教士拉梅得‧本柯立孚德（神），……
- ◆ 有一個需要，而我將它定義並命名為「口渴」（神所構思的欲望的神聖之名——原型界）。
- ◆ 我啟動身為你們的教師之明確的靈性權威，宣告那個神聖之名（宣稱我的口渴之聲音振動），並啟發一位大天使（學生——創造界）去滿足我的欲望。
- ◆ 這位大天使接著啟動他自己裡面的一整群天使（位於形塑界），像是眼睛天使尋找並確認飲水機的位置，而神經、肌肉與動態平衡的天使則推動他走過教室裡面的空間並閃避障礙物，直到抵達他的目標。
- ◆ 在飲水機旁，這位天使則運用重力與流體動力的「智性」與「精靈」將水注入玻璃杯中（物質界）。
- ◆ 然後整個過程倒轉過來，直到這位大天使將水送來給我，藉此完成神的意志。

這也許不是你在想到魔法時會有的想法，然而我跟你保證這就是魔法。事實上，在上述場景當中的靈性活動絕大多數都發生在看不見的層面——沒有人看得見我的咒語；沒有人看得見那段激發並推動學生走去飲水機的內在歷程，也看不到重力的隱形力量。實際上，我想要喝水，而在我將意志聚焦在那個欲望之後，不到一分鐘就有一杯水穿越空間而出現在我的手中。

由於精靈負責創造的粗活，因此卡巴拉魔法師提出一項理論，亦即畢竟這些存在容易受哄，所以唯一合理的推測就是它們來為我們工作都不是出於自願。它們會前往指派的地方並根據得到的告知進行工作。它們習於遵從來自較高智性的命令。不過，在魔法中，真正的關鍵不在於「你知道」什麼東西（what you know），而是在於

「你是」何等人物（who you are），所以在哄某個精靈相信你是具有較高智性的存在之前，你得先哄「你自己」相信自己是個具有較高智性的存在呢！

如果我想要向住在隔壁的女孩緹娜施法、使她愛上我的話，我是否「知道」這一切——神在這個面向是「萬軍的耶和華」（Jehovah Tzabaoth），係由大天使漢尼爾（Haniel）侍奉，而這位大天使掌管的是眾神的亞納爾（Anael of the Elohim），而亞納爾指揮哈吉爾（Hagiel），哈吉爾則推動凱岱梅爾（Kedemel）[2]——其實無關緊要。我首先要十分清楚了解的是，在我自己的複雜靈性組成之中，早已具備完全有效的模組，亦即那由萬軍的耶和華、漢尼爾、眾神、眾神的亞納爾、哈吉爾與凱岱梅爾串連起來的模組。我必須能夠確實將自己當成是自身組織的頂頭上司，並從那個權力位置「央求」（beseech）相應的大天使幫助我召喚（conjure）相應的天使，好讓我以它的名字「命令」（order）相應的智性，好使精靈能夠聽從我的「指揮」（command）去執行我所指派的任務。

那麼，這代表你得要學習並精熟這些繞口的神名與大天使們，還有那些（讓我們就事論事吧）對你來說毫無意義的天使們嗎？這代表你得要努力把這堆如山高的記憶資料整合到你的主觀意識嗎？

當然不用！你是小雞卡巴拉神祕家呢！別在意這件事！這個奇妙組織的本質「早就」整合到你的靈性基質裡面，它（以及看待創造的無限多種觀察方式）是你以人類個體出生到這世上時的標準配備。

當然如果想要的話，你也可以把這一大堆好東西都記起來，我也確定你們當中會有些人想要這麼做。[3]不過，我想要你知道，這不

是一定得做的事情。你只需要做的是，用這套具有秩序的意識階級之圖像來編寫自己的靈性世界觀。到最後，你對於卡巴拉的生命常理之認識，將使你輕鬆且自然地「以」卡巴拉的生命常理來對準自身意識的多樣面向並和諧之。一旦達至這境界（而且通常是在你還沒覺察到的時候就「已」發生），你將會在神聖階級中發現「你的」位置，而且也會明瞭為何那位置唯有自己才能坐的原因。

　　我已經準備一張組織流程圖（參見表三），有顯示傳統卡巴拉的神聖階級順序，以及生命之樹各輝耀配賦的神聖之名、大天使、天使（以及所屬的天使團）、智性與精靈。你可以用這資訊來建構正式召喚的複雜儀式，例如那些可以在許多魔法文獻當中找到的召喚儀式。

　　你也可以設計在居家或後院就能施展的簡單法術，像是以下敝人所寫的歌謠，我會於金星出現在傍晚或清晨的天空時背誦它：

　　噢～萬軍之主、Jehovah Tzabaoth，
　　您知曉愚人的夢想。
　　吾祈請您垂聽吾之宣誓，
　　此誓係屬金星（Venus）統治的太白 ※（Nogah）領域。
　　噢～漢尼爾，偉大的大天使啊，
　　汝為神之榮耀，
　　差遣屬於愛的大膽天使亞納爾──
　　碰觸甜美媞娜的那顆心。
　　來吧，哈吉爾！來吧，哈吉爾！
　　以亞納爾之名，服從吾！
　　並驅策凱岱梅爾來行吾之意志。
　　媞娜將會日夜都愛吾！

※ 譯註：由於 Nogah 即是希伯來人對於金星的古稱，但直譯的話頗為累贅，所以這裡用華人對於金星的古稱「太白」。至於其他行星古稱，可以上網查找或請教專業人士。

SEPHIROTH 生命之樹的眾輝耀	ATZILUTH 原型界 神聖之名 ——→	BRIAH 創造界 大天使
1. Kether 科帖爾 Rashith ha-Gilgalim－原動天	我是 ——→ Eheieh	梅特昶 Metatron —— 存在的天使
2. Chokmah 侯克瑪 Mazloth－黃道	神 ——→ Yah	拉吉爾 Raziel 神之祕密
3. Binah 庇納（鎮星） Shabbathai－土星	上主神 ——→ YHVH Elohim	扎夫基爾 Tzaphqiel 罩神者
4. Chesed 黑系德（歲星） Tzedek－木星	神 ——→ El	薩基爾 Tzadqiel 神之正義
5. Geburah 葛夫拉（熒惑） Madim－火星	萬能的神 ——→ Elohim Gibor	哈瑪耶爾 Kamael 見神者
6. Tiphareth 悌孚瑞特（金烏） Shemesh－太陽	知識之上主神 ——→ YHVH Eloah va-Daath	拉斐爾 Raphael 神已療癒
7. Netzach 聶札賀（太白） Nogah－金星	萬軍之上主 ——→ YHVH Tzabaoth	漢尼爾 Haniel 神之榮耀
8. Hod 候德（辰星） Kokab－水星	萬軍之神 ——→ Elohim Tzabaoth	米迦勒 Michael 肖神者
9. Yesod 易首德（玉兔） Labanah－月亮	全能的活神 ——→ Shaddai El Chai	加百列 Gabriel 神為吾力
10. Malkuth 瑪互特 Olam Yesodoth－元素領域	大地之主 ——→ Adonai ha-Aretz	聖德芬 Sandalphon —— 共事者（高大天使）

元素領域——在火靈天使團底下，四元素的精靈會分成四類，各類都有對應的元素神聖之名、大天使、天使、統治者與元素王予以管理。

	神聖之名	大天使	天使	統治者	元素王
火元素 Fire	萬軍之上主 YHVH Tzabaoth	米迦勒 Michael	艾洛 Aral	撒拉弗 Seraph	晉 Djin
水元素 Water	神（以羅欣） Elohim	加百列 Gabriel	塔里阿哈得 Taliahad	薩西斯 Tharsis	尼科撒 Nichsa
風元素 Air	全能的活神 Shaddai El Chai	拉斐爾 Raphael	查杉 Chassan	艾瑞爾 Ariel	帕勞達 Paralda
地元素 Earth	大地之主 Adonai ha-Aretz	烏列爾 Auriel	佛拉克 Phorlakh	基路伯 Kerub	鋯伯 Ghob

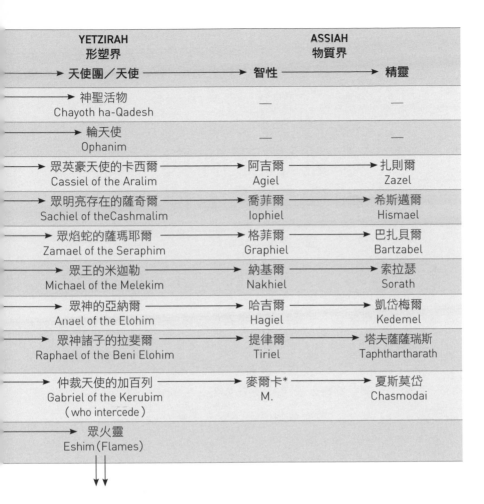

YETZIRAH 形塑界	ASSIAH 物質界	
→ 天使團／天使 →	智性 →	精靈
→ 神聖活物 Chayoth ha-Qadesh	—	—
→ 輪天使 Ophanim	—	—
→ 眾英豪天使的卡西爾 Cassiel of the Aralim	→ 阿吉爾 Agiel	→ 扎則爾 Zazel
→ 眾明亮存在的薩奇爾 Sachiel of theCashmalim	→ 喬菲爾 Iophiel	→ 希斯邁爾 Hismael
→ 眾焰蛇的薩瑪耶爾 Zamael of the Seraphim	→ 格菲爾 Graphiel	→ 巴扎貝爾 Bartzabel
→ 眾王的米迦勒 Michael of the Melekim	→ 納基爾 Nakhiel	→ 索拉瑟 Sorath
→ 眾神的亞納爾 Anael of the Elohim	→ 哈吉爾 Hagiel	→ 凱岱梅爾 Kedemel
→ 眾神諸子的拉斐爾 Raphael of the Beni Elohim	→ 提律爾 Tiriel	→ 塔夫薩薩瑞斯 Taphthartharath
→ 仲裁天使的加百列 Gabriel of the Kerubim （who intercede）	→ 麥爾卡* M.	→ 夏斯莫岱 Chasmodai
→ 眾火靈 Eshim（Flames）		

表三：靈性存在的階級表（神聖之名掌管大天使、大天使掌管天使、天使掌管智性、智性掌管精靈）

＊：易首德在物質界的智性全名是 Malka be-Tarshishim ve-ad be-Ruah Shehaqim。（麥爾卡（Malka）是常見縮寫。）

第九章

小雞塔羅牌與
神聖守護天使

―― 隆・麥羅・杜奎特 ――

你所認為的那個你並不是你，而是夢的自己。事實上，
你所認為的那個你，是藏在夢者裡面的裡面的裡面的夢者。
你是這宇宙的國王，在熟睡入夢時認為自己是王后，
而這位王后在熟睡入夢時認為自己是王子，
而這位王子在熟睡入夢時認為自己是正在沉睡的公主。
――教士拉梅得・本柯立孚德

　　若論教士本柯立孚德與正統卡巴拉的傳統之間的種種偏離，最戲劇化者應是他對於塔羅的熱愛。他於 1992 年接受美國塔羅雜誌《今日占術》（Augury Today）的訪談，使他的敵人有足夠材料來永久敗壞他的名聲。然而，他看似非常享受來自傳統圈的大量嘲笑，並且興高采烈地推動塔羅牌的研究與運用。

　　雖然事實上並沒有甚麼證據顯示塔羅係由古希伯來卡巴拉神祕家所創，不過，只要沒被宗教偏見蒙蔽，任何人都能清楚看見一套

共計 78 張牌卡的標準塔羅牌，在建構、組織與賦性方面都完全合乎卡巴拉的基本原則。

可惜的是，本柯立孚德並沒有常寫關於塔羅的文章，故以下內容完全是《今日占術》對他的訪談及插圖，真要感謝易信出版社（Credulity Publications, Inc.）的美意。我們得要記住的是，此訪談的受眾是該雜誌的讀者，他們是塔羅牌的專業占卜師及愛好者，而不是教士本柯立孚德自己的學生（或想像出來的學生），所以教士得要為他們介紹那些我們已在本書其他章節看過的卡巴拉的基本原則。我希望本書讀者能夠接受這樣的重複，因為此次訪談算是教士如何向不熟悉卡巴拉的人們介紹卡巴拉的良好示範。

我還要請讀者特別注意本柯立孚德在訪談末尾對於塔羅牌四張公主牌獨特地位的討論。撇去教士顯現出來的易怒本性不談，這篇了不起的論述十分吻合我們到目前為止習得諸多關於靈魂本性的卡巴拉原則，也為我們引介神聖守護天使（Holy Guardian Angel）的概念，是現代卡巴拉習修方式的關鍵要素。

長島奎巴拉[1] 大師稱塔羅牌是「一級棒！」

伊達·潘各拉（IDA PENGALA）著

〔本文出自《今日占術》雜誌 1992 年 6 至 8 月第 2 卷
第 2 期，並獲美國芝加哥易信出版社同意再次刊登。〕

今日占術：今天我們請到教士拉梅得·本柯立孚德來做討論。教士目前在美國紐約州蒙托克的自宅有主持一個應該可以稱為聚會的組織，並教導又奇妙、又神祕、又魔幻的卡巴拉技藝。請問教士，這個字是這樣唸的嗎？卡巴拉？

教士：你愛怎麼唸就怎麼唸吧。

今日占術：喔……好，那我就這樣唸。感謝您。我總算感到如釋重負，因為我一直擔心自己會完全唸錯這些深奧的外來字彙。

教士：我的工作就是解除靈性重擔。我很努力獲得開悟，這樣你們就不需要經歷同樣的事。

今日占術：喔……好，感謝您。那麼，教士啊，我可以用「本」來稱呼您嗎？

教士：不行。

今日占術：好的。那麼就讓我們來開始提問吧，請問身為希伯來卡巴拉權威人士的您為何會對塔羅牌有興趣呢？

教士：那是因為，就我所知，塔羅牌應是學習卡巴拉基礎知識的最快方式，也是人們在運用卡巴拉時最為實際的事物之一。

今日占術：我不了解您的意思。

教士：希伯來卡巴拉形成西方赫密士技藝（the Western Hermetic arts）及西方祕儀傳統（the Western Mystery Tradition）的基礎，而這傳統涵括占星術、煉金術、猶太信仰與基督信仰的神祕主義、儀式魔法與塔羅。而這些學問當中又以塔羅最能完美顯現卡巴拉基礎知識，而且是各種不同系統之間的公分母（common denominator）。

只要我們運用塔羅，就是在運用卡巴拉，無論我們是否知曉實情都是如此。塔羅就像是卡巴拉的 DNA，甚至不只如此，它其實是卡巴拉的圖畫書。我知道有許多塔羅神祕家已經覺察到這技藝裡面的卡巴拉根源，然而他們會因各自的理由，而選擇不將任何卡巴拉智慧併入自己所用的塔羅工具。

今日占術：也許是因為卡巴拉係以聖經為本吧，不是嗎？對於我們這種不屬於猶太人或基督徒的人而言，它怎可能跟我們有所關聯呢？

教士：有些人認為，由於卡巴拉似以聖經為本，必定只有猶太人及基督徒才能使用，因此它在新的非基督信仰宗教或新時代思想沒有一席之地。但實情並非如此。卡巴拉並不是宗教體系，而是觀看事物的方式，將你的宇宙整理得井然有序到讓你最後能夠找到自己在那裡面的位置。它是一種連結的方式，將這宇宙每一事物與其

他每事每物連結在一起，直到你最終達至超驗意識層次，了解自己已沒有尚未連結的事物為止。

今日占術：卡巴拉是一本書嗎？

教士：不，卡巴拉不是一本書，然而世上有許多卡巴拉的文獻，其中有些還非常怪異。如果沒有注意的話，你說不定會浪費三、四十年的人生在數算神的鼻毛。我有認識這樣做的人，其下場比那個故事——年輕人在和幸運鞋仙（leprechaun）一起睡著之後，醒來已是人老髮蒼，口袋只有枯葉、頭髮滿是皮屑——還要更糟，真是為他感到難過。

今日占術：喔⋯⋯好的。可以請您解釋你的卡巴拉宇宙以及它跟塔羅牌的關聯嗎？

教士：首先要說的是，宇宙只有一個，只有一個絕對的宇宙。你可以稱它為神，或是任何你想要稱呼的名詞，然而它就是涵括世上所有事物的「一」，在那個龐大的一之外就沒有東西。然而，「沒有東西」在卡巴拉是非常重要的概念，因為那是「一」以及後續一切其他事物的來處。而這個超級大的「沒有」在塔羅係由「愚者」牌卡來代表。

> 純真小丑躍向自身末日。
> 眼前深淵如此無常不定。
> 唯有愚者，能為那子宮
> 播種一切可能的可能性。

歸根究柢，「愚者」是唯一真實的塔羅牌。就本質而言，所有其他牌卡都活在「愚者」裡面——如同你我與其它造物都活在那不可思議的神之意識裡面。

今日占術：所有78張牌卡都活在「愚者」那張卡裡面嗎？

教士：就技術層面而言，是的，它們當然都是如此。然而我們最好把塔羅想成是由兩群明顯不同的牌卡所組成，即大阿卡納（或稱 22 張大牌 Trump）及小阿卡納（共計 56 張牌卡，分成四套牌組，每一牌組有一張王牌 Ace、四張宮廷牌 Court Card 及九張小牌 Small Card）。

讓我們先看大牌。若把「愚者」放到我們的顯微鏡底下來看，我們就會看到那裡有 22 張大牌（包括「愚者」），而這也是絕大多數人在聽到塔羅一詞時會想到的牌卡：愚者、魔法師、女祭司長、女帝、皇帝、教皇、戀人、戰車、力量、隱者、命運之輪、正義、吊人、死亡、節制、惡魔、塔、星、月亮、太陽、審判，還有世界。

希伯來字母表剛好也有 22 個字母，真是巧啊！希伯來字母確實是卡巴拉的基礎（雖然這樣的關聯也許無法馬上看得出來），而 22 張大牌是 22 個希伯來字母及其意義的視覺表現。

說到這裡，有些讀者會在幫自己或別人讀塔羅牌時，只用這 22 張大牌來占算。若是如此，每個展開的牌陣真的還能拚出字彙哦。

今日占術：你是說排出來的牌卡也能正確拚出回應問題的答案嗎？

教士：我說的完全就是這意思。你說說看，塔羅牌占卜師最常被問的問題是什麼？說一個就好。

今日占術：我想應該是問愛情的問題吧。「我應該跟自己的愛人結婚嗎？」

教士：「我應該跟自己的愛人結婚嗎？」很好！我們就使用十張牌的標準凱爾特十字牌陣，而指示牌（significator）定為「女帝」。那麼假設你排出來的順序是女帝、法皇、吊人、塔、世界、皇帝、女祭司、隱者、太陽與正義的話，雖然我相信這順序有無數種解牌方式，然而這個牌陣有一個不會弄錯的特點，就是這些牌卡事實上能夠拼湊出這些字「DUMP THE GIRL」（放棄那女孩）。

空想的神祕主義沒什麼問題，只是請看在老天的份上不要忽視那明顯易見的部分！當抽到的牌是隱者、魔法師與吊人時，會不會有可能塔羅牌其實在跟你的客戶說要買 IBM 的股票呢？[2]

今日占術：天啊！我從沒想過……

教士：我想你應該從沒這樣想過。而 22 個希伯來字母也都有各自的基本意思。例如配賦給愚者的希伯來字母是 Aleph，而它的意思是「壯牛」。我想你的任何客戶應該不太可能會有尖叫「天啊，我要嫁給一頭公牛！」的機會，然而「壯牛」一詞在現代世界中還有其他許多相關聯想，像是力量、穩定、生育力、用於工作的能量，這樣有抓到我的意思嗎？你無法預測自己對此屬性的覺察會在什麼時候啟動心靈反應，而為你與你的客戶提供答案。

至於其餘的大牌對應到的希伯來字母意思則是：

魔法師	房屋	戰車	圍欄
女祭司長	駱駝或繩索	力量	蛇
女帝	門	隱者	手
皇帝	窗戶	命運之輪	手掌
教皇	釘子	正義	趕牛棒
戀人	劍	吊人	水

小雞卡巴拉

死亡————魚 　　　月亮————頭後側

節制————帳篷柱 　　太陽————頭或臉

惡魔————眼 　　　　審判————齒

塔————嘴 　　　　　世界————標記、簽名或十字

星————魚鉤

　　即使你只學到每張大牌所配賦的希伯來字母之意思，讀牌時就有額外的22個的資訊源供你取用。

　　今日占術：那個，教士，我得説……

　　教士：好吧，你想聽我要講的東西，還是不想？

　　今日占術：當然想，請原……

　　教士：卡巴拉將希伯來字母表當中的十二個字母配賦給黃道的十二星座、七個字母配賦給古人的七行星、三個字母配賦給三個原始元素。

　　然而，塔羅的 22 張大牌剛好也有完全一樣的配賦分組方式。真是巧啊！「皇帝」就是牡羊座、「教皇」是金牛座、「戀人」是雙子座、「戰車」是巨蟹座、「力量」是獅子座、「隱者」是處女座、「正義」是天秤座、「死亡」是天蠍座、「節制」是射手座、「惡魔」是魔羯座、「星」是水瓶座，而「月亮」是雙魚座。

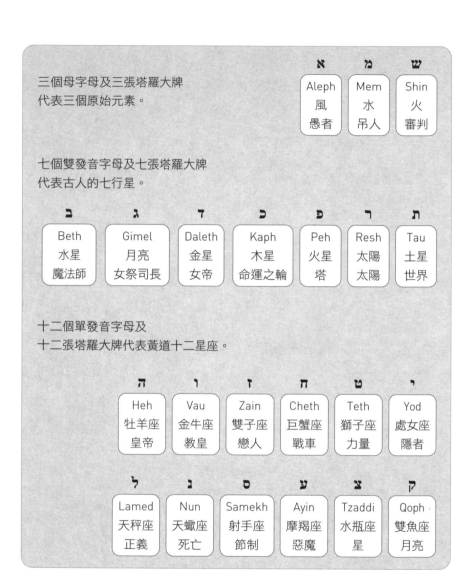

三個母字母及三張塔羅大牌
代表三個原始元素。

א	מ	ש
Aleph 風 愚者	Mem 水 吊人	Shin 火 審判

七個雙發音字母及七張塔羅大牌
代表古人的七行星。

ב	ג	ד	כ	פ	ר	ת
Beth 水星 魔法師	Gimel 月亮 女祭司長	Daleth 金星 女帝	Kaph 木星 命運之輪	Peh 火星 塔	Resh 太陽 太陽	Tau 土星 世界

十二個單發音字母及
十二張塔羅大牌代表黃道十二星座。

ה	ו	ז	ח	ט	י
Heh 牡羊座 皇帝	Vau 金牛座 教皇	Zain 雙子座 戀人	Cheth 巨蟹座 戰車	Teth 獅子座 力量	Yod 處女座 隱者

ל	נ	ס	ע	צ	ק
Lamed 天秤座 正義	Nun 天蠍座 死亡	Samekh 射手座 節制	Ayin 摩羯座 惡魔	Tzaddi 水瓶座 星	Qoph 雙魚座 月亮

圖二九：由神聖希伯來字母表的22個字母所創造的22張塔羅大牌

在讀牌的時候，配賦在黃道十二星座的大牌也許是指示一年當中的特定時期、也許是詢問者的星座，或是當時牌陣的重要關係人之星座，也有可能是在明確指出安排特定活動（像是婚禮或休假）的適當日期。

今日占術： 但這些屬性比較偏占星，而不是卡巴拉吧？

教士： 拜託，你沒聽懂嗎？占星跟卡巴拉的來源是一樣的啦，真是的。我再繼續講下去。

黃道星座的象徵不僅指出對應的時間，每個星座（以及配賦的大牌）還都對應到一長串的傳統植物、動物、寶石、食物、藥物，以及世界各地文化與神話中視為神聖的神祇。那些大牌的表面雖然都只有薄薄一層，卻各自藏有這一大堆對應屬性。我是用放在車庫的巨型旋轉式名片架（Rolodex）來做歸類整理的工作。

無論我們是否能有意識地認出它們，它們都是我們地球人彼此互通的原型圖案──而卡巴拉是把它們維繫在一起的膠水。「正義」這張牌卡可以代表祖母綠、蘆薈或大象，視情況而定，「皇帝」也許是指紅寶石、天竺葵或公羊。

今日占術： 塔羅占卜師者要如何把這些資訊實際運用在讀牌呢

教士： 都依問題而定。如果那是關於健康的問題，黃道星座也有對應到身體的各個部分，例如「月亮」（雙魚座）可以代表腳、「戀人」（雙子座）可以代表肺、「力量」（獅子座）可以代表心臟。這樣的應用真的無窮無盡。

現在我想要開始講行星的大牌。我餓了。你的確有說過雜誌社會請我吃晚飯，對吧？

今日占術：對，有喔，在卡內基・達立餐廳（Carnegie Deli），您可以吧？

教士：我的老天，不要！衣索比亞菜比較好。

今日占術：您想吃甚麼都行。您剛才提到要跟我們講行星大牌。

教士：我喜歡衣索比亞菜。

今日占術：那麼我們就去吃衣索比亞菜。

教士：太好了！那麼我們來看行星大牌：「魔法師」是水星、「女祭司長」是月亮、「女帝」是金星、「命運之輪」是木星、「塔」是火星、「太陽」是太陽，而「世界」是土星。

熟悉占星的讀者知道行星對於個人生命的影響有多重要。雖然我們的確不全是占星師，然而這些行星大牌（如同黃道星座大牌）都有許多依據卡巴拉而來的傳統對應，像是七行星各自代表一週當中的某一天。代表太陽的「太陽」自然象徵星期日（Sunday）、「女祭司長」代表月亮與星期一、「塔」代表火星與星期二、「魔法師」代表水星與星期三、「命運之輪」代表木星與星期四、「女帝」代表金星與星期五，而「世界」代表土星與星期六。

每張行星大牌也能個別指出一種行星金屬。你也許不認為自己在讀牌時會有用到這類資訊的時候，就當作有備無患吧——汞是代表「魔法師」的金屬、銀是代表「女祭司長」的金屬、銅是代表「女帝」的金屬、錫是代表「命運之輪」的金屬、鐵是代表「塔」的金屬、金是代表「太陽」的金屬，而鉛是代表「世界」的金屬。

行星大牌也象徵人體的一些部分，所以這方面的資訊能在讀取健康相關議題的牌陣時有所助益。「魔法師」代表神經系統、「女祭

司長」代表淋巴系統、「女帝」代表生殖系統、「命運之輪」代表消化系統、「塔」代表肌肉、「太陽」代表循環系統，而「世界」則代表骨骼。

今日占術：那麼就剩下最後三張代表元素——風、水與火——的大牌，我說得沒錯吧？

教士：沒錯。

今日占術：那麼地元素發生什麼事呢？您的卡巴拉宇宙裡面難道沒有地元素的位置嗎？

教士：別亂講啦，當然有地元素的位置。只不過地元素看似應是這宇宙的繼子，一如人類看似應是眾靈性存在的家族當中的繼子那樣——然而我們是十分重要的繼子，後面會講到這部分[※]。我們現在還是先來講元素大牌。

代表元素的大牌有三張（其實是四張）：「愚者」代表風元素、「吊人」代表水元素，而「審判」代表火元素。這三張大牌被分配到希伯來字母表的三個母字母—— Aleph、Mem 以及 Shin。第四個元素，也就是地元素，則是以「世界」為代表，所以代表高相容性的土星之「世界」具有雙重象徵。

就卡巴拉神祕家的觀點而言，（由四張元素大牌象徵的）元素們所要傳達的重要性，比自然界構成基質之元素（也就是之後會講到的王牌、宮廷牌與小牌所代表的元素）還要高上許多層級。所以把元素大牌當成龐大、原始的靈性元素來看，也許會比較正確。

第九章　小雞塔羅牌與神聖守護天使

※ 譯註：之所以特別提這句話，也許是因為英文的繼子一詞也有用在指稱遭受冷落、不受重視的人事物。

例如，「愚者」的風，比較不是代表風元素的世俗概念，而是象徵那驅動一切活物的關鍵本質，即「生之氣息」（the Breath of Life）；「吊人」的水則是「大海」──即承載生命關鍵本質的萬用溶媒、「生命之血」（the Blood of Life）；「審判」的火則是生命的核心之火，也就是「神聖之靈」（the Holy Spirit），即維持萬有並在最後吞噬萬有、轉化萬有的那道火花。

「世界」為排序最末與振動最低的大牌，同時象徵土星以及地元素。而根據神話，土星神祇薩圖恩（Saturn）會吞食自己的孩子。這種雙重配賦其實算是明顯的暗示，即大地既是結束，也是開始──整個宇宙以它興起、以它消亡。

然而，在我讀牌的時候，四元素大牌的某些非常基本與實際的對應相當有用。例如，它們可以用來決定方向──「愚者」是風元素，傳統上係指東方；「吊人」是水元素，係指西方；「審判」是火元素，象徵神聖的南方；「世界」是地元素，象徵寒冷的北方。我相信諸位讀者們應能想像出將這種方向資訊用於協助讀牌的情境吧？

最後（講完這部分就要開始講小阿卡納──我快餓死了），四張元素大牌也能代表我們的感官：「愚者」就是嗅覺（smells，該字也有「不好聞」的意思）……

今日占術：哈哈哈哈……．

教士：拜託，成熟點！「吊人」是味覺、「審判」是視覺，而「世界」是觸覺與感覺。

今日占術：教士，我得跟您說，我在這幾分鐘學到的實用資訊比將近十年使用塔羅牌的經驗還要多。卡巴拉神祕家全都跟您一樣也是塔羅專家嗎？

教士：遺憾的是，絕大多數傳統卡巴拉神祕家（Kabbalist，字首是 K、裡面有兩個 b）譴責我背叛傳統，非常鄙視我本人與我的教導。他們認為我在塔羅的務實應用是很沒有靈性的作法，並把我對於通用宗教概念的接受當成是相當異教徒的行為。但是我不在意。我跟自己的學生說，如果沒有想要實際運用這訊息來支持自己的靈性開悟的話，那就離開。我把自己的卡巴拉門派稱為「小雞卡巴拉」，以顯示我真的以身為實際的聖人為傲。

今日占術：教士，您看起來就是個很實際的聖人啊。現在，請跟我們說說小阿卡納，即王牌、宮廷牌與小牌。

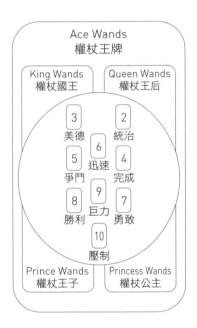

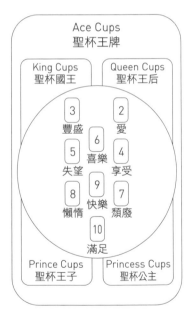

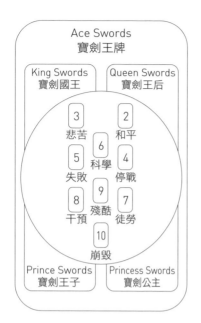
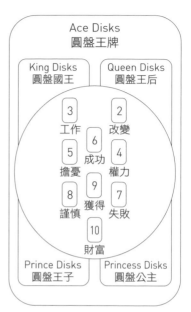

圖三十：王牌包含宮廷牌與小牌

　　教士： 好的。如果我們把「愚者」切成 22 塊，那就是大牌。但如果我們只把「愚者」切成四塊的話，我們就會看到那四張王牌，而每張王牌裡面有四張宮廷牌與九張小牌。你能想像出來嗎？

　　今日占術： 那麼，為何是四呢？為什麼有四張王牌？為什麼塔羅裡面有四套牌組呢？

　　教士： 這應是你今天到目前為止提過的最好問題。我們絕大多數都知道，塔羅的四套牌組在傳統上係配賦給火、水、風、地這四種元素，然而四元素的概念從何而來？答案是，它係直接來自希伯來神祕主義最為根本的教導，即偉大的四字神名—— YOD HEH

VAU HEH。絕大多數非猶太人會把它唸成「耶和華」（Jehovah），但絕大多數猶太人則因相當尊敬這個名字而絕口不提。赫密士卡巴拉神祕家則用它的術語「四字神名」（Tetragrammaton）來稱呼之。

在希伯來神祕主義與卡巴拉裡面，偉大、絕對的神實在過於抽象而無法當成思考的對象。我猜他們為了將神概念化而想出比較有可能做到的方法，就是將神進行切分並對那些片段進行有條理的冥想。然而數字二仍然過於抽象，且人們對數字三已相當崇敬，所以我猜他們最後選擇將神切成四份並稱之為 YOD HEH VAU HEH。

他們為切出來的四份賦予四個世界，然而這些世界事實上僅是神以自身思想創造萬物之神聖意識的層次或頻率。

今日占術：神的創造事實上是怎麼進行的呢？

教士：神的創造事實上是怎麼進行的呢？拜託！如果我知道它「事實上」如何進行，那麼我就跟神一樣聰明了，不是嗎？理論上，這過程係如此推演：神在編號一的世界（Atziluth、原型界）想到一個好主意，然後這個主意在編號二的世界（Briah、創造界）進行組織化；這個經過組織化的主意則在編號三的世界（Yetzirah、形塑界）進行視覺化，並形成該主意的藍圖；最後，這主意會在我們這裡，也就是編號四的世界（Assiah、物質界），確實具現為某個物體、某股力量或某道能量。而這四個世界依序下來的概念比較像是神的意志、神的心、神的心智與神的肉身。

此外，根據卡巴拉的傳統，我們每個人都是依著這由四部分構成的神之形象所造，因此我們每個人的靈魂也會分成四個部分。而個人靈魂的最高部分則被稱為 Chiah，即「生命力量」本身；次高的部分是 Neshamah，即「靈魂直覺」；再下去的部分是 Ruach，即「人

類智性」，而最末部分則是 Nephesh，即「動物魂魄」。你有看到嗎？塔羅的四套牌組完美反映出這個概念。

今日占術：我也是這麼想。我能想像神分成四個部分，也能想像我們的靈魂有同樣的劃分。但我真的不太了解神的四部分跟我們靈魂的四部分是怎麼串連起來。

教士：我們可以先假設神是由四個巨大到不可置信的音叉構成，它們響著由高頻往低頻走的四個音符（記住，這裡的音頻係指意識的振動，而不是聲音的振動）。然後再假設你的靈魂是由四支哼著同樣音符的迷你音叉構成。那麼，即使我們的音叉真的小到不行，它們仍然會因神的音叉發出的振動而動了起來，並且完美地跟隨著神的音叉振動哼唱。到這裡還聽得動吧？

今日占術：是，我還可以。

教士：如果你將小阿卡納的 56 張牌卡分成四疊，即權杖（Wand）、聖杯（Cup）、寶劍（Sword）及圓盤（Disk）各一疊，那麼你等於在自己面前攤開這個分成四部分的宇宙。若要好好整理你的世界，就把四疊都以牌面朝上方式擺放，各疊的王牌都擺在最上面，其下則是四張宮廷牌（國王 King、王后 Queen、王子 Prince、公主 Princess），最後則是從 2 到 10 的小牌。

這四疊就是那偉大之名 YOD HEH VAU HEH 的四個字母，最上面是王牌，而王牌底下則是神的片段，是祂的宇宙，也是我們的靈魂。權杖牌組那疊即是 Yod，傳統上是歸給火元素；聖杯牌組那疊則是第一個 Heh，象徵水元素；寶劍牌組那疊是 Vau，對應風元素，而圓盤牌組那一疊則是末尾的 Heh，歸給地元素。

這些元素可不只是爐火、池水、呼吸或土壤，它們是宇宙中所有事物、所有力量、所有能量按其天性相似於火（像核輻射、辣椒醬或熱忱）、水（像電磁力、啤酒或鏡子）、風（像白日夢、無線電信號或各種風）、地（像煤礦、固執或重力）所做的分類。

　　這四種元素的工作，就是跟其他元素以不同的組成與比例進行結合以創造宇宙。而四元素在進行這項工作時，會有名為「靈」（Spirit）的第五元素予以協助。靈使得元素們能像原子相互鏈結形成分子那樣地緊黏在一起。同時，這個奇蹟般的「靈」元素還能夠區分個別元素，其程度足以使每個火、水、風、地的微小元素單元都能保有自己的元素身分。如果靈不存在，四元素就只會相互傾軋，而將整個宇宙變成一團漿糊。

　　靈在塔羅的大阿卡那與小阿卡那都有其象徵。我們之前講過的「審判」，就是同時象徵靈與火的大牌。然而在小阿卡那，靈則藉由四張王牌，以及處在王牌裡面的宮廷牌與小牌，鉅細靡遺地展現自己（參見圖三十）。

　　這四張王牌其實就是偉大的 YOD HEH VAU HEH 以及它代表的一切。權杖王牌是火之靈、聖杯王牌是水之靈、寶劍王牌是風之靈，圓盤王牌則是地之靈。

　　而每個牌組的四張宮廷牌，就是將自己所屬的王牌切成四份的迷你版 YOD HEH VAU HEH。國王是該牌組裡面的火之本性、王后是該牌組裡面的水之本性、王子是該牌組裡面的風之本性，而公主是該牌組裡面的地之本性。講到這裡還聽得懂吧？

　　所以權杖國王就是火中火，有看到嗎？他屬於權杖，所以是火，而他又是國王，所以有另一個火。至於聖杯國王則是水中火，

因為他屬於聖杯牌組，所以是水，而他是國王，所以有火。這樣有抓到要領嗎？那麼聖杯王后就是……？

今日占術：水中水！

教士：那麼寶劍公主呢？

今日占術：風中地，因為寶劍牌組是風，而公主是該牌組的地之本性。我懂了！

教士：卡巴拉神祕家將萬物創造的奇蹟，看成是神將這些牌卡洗牌之後分發不同數量及組合的牌卡所得的結果。洗牌之後，祂在這裡抽出三、四張，也許是在創作一隻鴨子的元素配方；或是在那裡發下三、四張牌卡，以創造出池塘或土豚。有了解我講的意思嗎？

今日占術：有，真的很棒！不過我們要如何運用這些資訊協助讀塔羅牌呢？對我來說，宮廷牌是最難解讀的牌呢。

教士：如果有宮廷牌出現的話，我們算是運氣不錯，因為國王、王后及王子牌卡每一張都象徵一年裡面的 30 度[※]，也就是從某個黃道星座的20度到下一黃道星座的20度。

今日占術：那麼公主牌呢？

教士：好問題。公主牌會在後面講，現在我們先來看國王牌、王后牌與王子牌。這十二張宮廷牌之所以各自掌管某黃道星座的 20 度到下一星座的 20 度，是為了強調元素彼此相混的必要性。如果它們掌管的是整個黃道星座的 30 度，就沒有元素相混的情形。此外，我們已有十二張黃道星座大牌，足以勝任代表黃道星座的象徵。

※ 譯註：這裡是把太陽運行黃道一整圈當成一年來看，所以總共有360度，除以12張牌卡——4張國王＋4張王后＋4張王子——即得每張牌卡代表30度

國王、王后或王子牌卡各自可以明確指出一年之中的某段時期，這在讀牌時相當有用，特別在沒有靈感的時候。為應付這樣的時候，我們可以先記住聖杯王后代表六月十一日到七月十一日，或圓盤騎士是八月十二日到九月十一日。[3] 如果你想要用某個人的生日來選指示牌的話，這知識也相當有用，而它們甚至也可以是牌陣中重要人物的出生牌卡。

宮廷牌的元素混合，以及這特質如何用來轉譯某個人或某事態的特質等等，這樣的思索甚至更有意義。國王牌卡是它們各自所屬牌組的熾烈面向，所以它們展現出各自所屬元素最猛烈、最動態，同時也是最短暫的面向。而身為水性的王后，則是它們各自所屬牌組的接受、執著與反映本性（不過，王后就像個好媽媽，最後還是會把自己原本執著不放的事物傳給自己的孩子們）。王子與公主就字面意思是國王與王后的後代，而王子是這兩個孩子當中比較主動積極者。

特定元素可以和諧組合，然而其他元素的結合則無法如此，然而請別就此認定自己可以藉由單純的術語組合，而為任一塔羅牌卡訂出不容變更的定義。因為任一牌卡都不是完全獨立於其他牌卡之外，其最終意義仍取決於它與隔鄰牌卡的關係及問題的本質。因此，塔羅牌占卜師最好也是卡巴拉神祕家，因為這樣就能具備為自身宇宙裡面的萬事萬物進行基礎分類的知識。而明悟（illumination）終究會來，不是藉由分析或深思而來，而是既深入又單純的觀察所得到的結果。

今日占術：哇，教士，這意境好高啊，我都不曉得要講甚麼了。

教士：很好。現在我們來談那 36 張小卡（公主牌會在後面講）。這 36 張小卡，每一張都代表一年裡面的 10 度（decan）（這裡也是把

太陽運行黃道一整圈當成一年來看，所以有 360 度，除以 36 張，即得每張代表 10 度），而完美的卡巴拉邏輯則定出它們的位置。我有帶來一些圖表，希望你能隨著這次訪談一併刊出它們，會比我的解釋更加清楚許多。

36 張小卡的每一張（參見圖三一）都代表黃道裡面的 10 度：

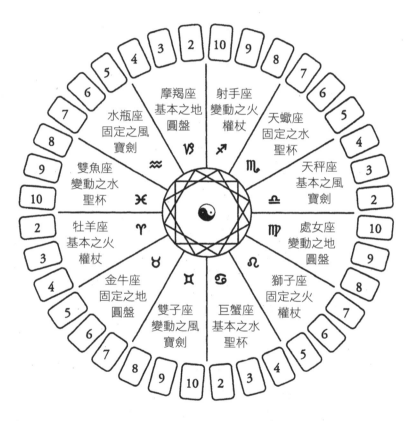

圖三一：三十六張小卡的每一張都代表黃道裡面的十度

- ◆ 數字二、三、四的小卡代表黃道裡面的基本（cardinal）星座：牡羊座、巨蟹座、天秤座與摩羯座。
- ◆ 數字五、六、七的小卡代表黃道裡面的固定（fixed）星座：金牛座、獅子座、天蠍座與水瓶座。
- ◆ 數字八、九、十的小卡代表黃道裡面的變動（mutable）星座：雙子座、處女座、射手座與雙魚座。

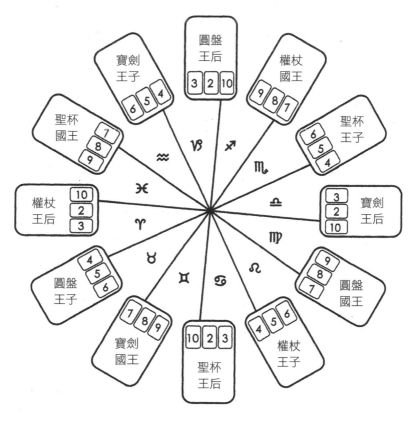

圖三二：國王牌、王后牌與王子牌的轄位分配。元素的天命即是相互混合以一起織造萬物。因此它們的轄位不是從每個黃道星座的0度到下一星座的0度，而是從某一黃道星座的20度到下一星座的20度。

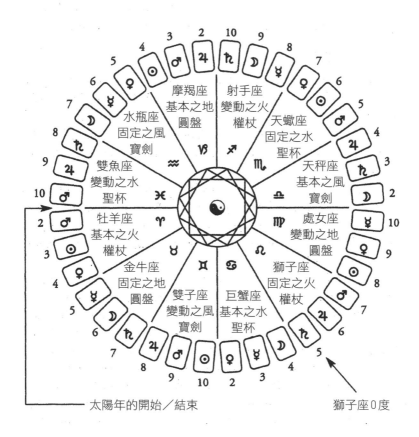

圖三三：眾行星依其在生命之樹的位置順序配賦各張小牌。
由獅子座0度（0°Leo）開始依下列順序分配：土星（G）、木星（F）、
火星（E）、太陽（A）、金星（D）、水星（C）、月亮（B）。
而火星會在太陽年的結束與開始時重複一次。

換句話說，權杖牌組的數字二、三、四分別代表牡羊座的第一個 10 度、第二個 10 度與第三個 10 度——因為數字二、三、四的牌卡代表基本星座，而權杖象徵火，所以黃道裡面的基本之火星座即是牡羊座。

今日占術：就這麼簡單嗎？

教士：就這麼簡單。不僅如此，36 張小卡每張都還配賦一顆行星，係從獅子座 0 度（0° Leo，屬於權杖五）開始，以眾行星在生命之樹的下降順序進行分配。讀者若是不熟悉生命之樹的話，眾行星的下降順序是這樣的：土星、木星、火星、太陽、金星、水星、月亮。

你會注意到火星會在雙魚座的第三個 10 度及牡羊座的第一個 10 度重複一次。而卡巴拉神祕家的解釋則是，一年的冬末春初之時會需要額外的火星力量以幫忙引入春天。（嘿！別怪我唷，這系統可不是我發明的。）

那麼，你現在能夠看出這些小牌如何得出它們的傳統意義了嗎？就是結合它們的卡巴拉屬性與占星屬性。權杖二之所以被稱為「統治」（Dominion），係因它首先是代表意志的牌組當中的一張強力、猛烈的權杖牌卡；其次，它是數字二，是小牌排序當中屬於最純粹、最強勢的位置；其三，它代表牡羊座的第一個 10 度，而牡羊座是強勢、進取、充滿能量的黃道星座；最後，配賦給權杖二的行星是火星，而牡羊座會非常、非常高興待在火星。換句話說，「權杖」、「數字二」、「牡羊座」、「火星」四項相加之後就等於「統治」。

其他小牌並不會像權杖二那樣明顯易懂，然而我跟你保證，如果你願意仔細檢視相應的牌組、數字、黃道星座與配賦行星，終究會看出這些牌卡之所以會有那些傳統意義的緣故，亦即聖杯三之所

以是「愛」、權杖六之所以是「勝利」，而寶劍九之所以是「絕望」與「殘酷」的緣故。

今日占術：這真是太驚人。我想自己一直都認為那些牌卡的傳統稱號⋯⋯只是出於傳統而已。

教士：那是傳統的卡巴拉稱號。好，這次訪談準備要結束了，我真的好餓！之前有說過要講那四張公主牌。這四張年輕女子牌卡的處理方式跟其他十二張宮廷牌不一樣，係源自卡巴拉對於人類靈魂的「放逐」（exiled）狀態之教導。

當我在講「放逐」的時候，並不是指亞當與夏娃被踢出伊甸園，使我們現在全體人類都得承受某位暴虐造物主的惡劣咒術之老舊迷信，而且我必定不去討論那名為「原罪」（original sin）的可憎、扭曲教導。無論做出這種有病的惡意概念到底是哪個無知愚蠢、仇恨女性、無安全感、不明事理、恐懼害怕、充滿罪咎、愛好惡魔又自我鄙視的混帳東西，都應要當成精神異常刑事罪犯送進巴比倫王精神病院（Nebuchadnezzar Institute）。這種可笑的信仰——人類係因神話中的角色玩錯水果就被詛咒永恆的折磨——所造成的痛苦以及心智疾病，比歷史上其他「宗教」或政治概念還要多。（咳咳）

現在當我觀察那些看似正常的人們——那些身上帶著呼叫器與電腦、能夠申報個人所得稅並設定錄影機預錄時間的人們——他們在自己的聰明腦袋深處長有這種惡性靈性腫瘤，居然還能帶著微笑過生活，實在讓我驚訝不已。那概念不只荒謬，而且簡直就是毒藥！

亞當與夏娃的故事原本是以卡巴拉的寓言來寫，它以及其他許多「神聖經典」均是為了闡明深奧的宇宙及靈性原則而被打造出來，創作者都是非常聰明、學識豐富、專精於靈性文學的人們，而

其受眾也應是此類人士。這些經文其實是技術教材，其目的絕對不是要被當成連載的恐怖漫畫來看，也沒打算要被進一步扭曲詮釋以滿足「某些人」的野心——這裡講的某些人就是那些卑劣的宗教惡霸（咳咳），及其他看似（咳咳）忍不住想要奴役同類的心智與「性生活」的人們（咳咳）。

今日占術：教士，我拿杯水給您吧？

教士：好的，謝謝你。我只是對這件事情太生氣了，抱歉啊。我們講到哪裡？

今日占術：我們剛才講到公主牌。

教士：很好！還記得我之前有講過四套牌組代表卡巴拉的四界，還有提到人類靈魂是這個分成四部分的巨大實相之微觀映影吧？

今日占術：記得，而每個牌組的四張宮廷牌是這一切更進一步的劃分……

教士：正確。現在把宮廷牌的國王牌想成是 Atziluth（原型界）的代表，而它同時象徵我們每個人靈魂的最高部分 Chiah（生命力量）。

今日占術：好的。

教士：王后牌象徵第二高的世界 Briah（創造界）以及我們的 Neshamah（靈魂直覺）；王子牌代表 Yetzirah（形塑界）以及我們的 Ruach（人類智性），而最後的公主牌則象徵最低的世界 Assiah（物質界）以及我們靈魂的最低部分 Nephesh（動物魂魄）。講到這裡還跟得上吧？

今日占術：還跟得上。完全聽得懂，真的。

教士：好……那麼聽好。Assiah、物質界，也就是我們眼前所見的世界，僅是宇宙的最低振動表現。神的純粹意識在這裡變得如此緩慢、如此沉重到確實結晶成形。這就是光與能量變成物質、不可見變得可見的地方。

Nephesh、動物魂魄，則是屬於我們的物質界個人化版本。物質界是我們的動物魂魄唯一認得的世界。在這極度侷限的觀點之中，神與你我都被困在物質的冰凍牢籠。我們是那位公主，忘記自己與生俱來的王權。我們欺騙自己相信物質界是唯一的實相。我們將自己完全認同於神聖意識的最低層次以及自身靈魂的最低部分。然而的確有可以離開的方法，讓你逃離物質的牢籠並活在卡巴拉最高世界的喜樂之中。而某個經典童話故事為我們指出那方法。

有一位公主，雖然身為國王與王后的女兒，但她被下咒而陷入深沉的昏迷狀態。有一位同樣也是由某位國王與某位王后所生的英俊王子，看到這位睡美人的靜止姿態如此完美，便無可救藥地愛上她的美貌。即便她還在沉睡（而且也應該不可能回應），王子依然彎身到她的棺木裡親吻她。那股從他的嘴唇流溢而出的純粹愛意，就是喚醒那位公主的魔法。公主從棺中被抱了出來，她離開墓地並嫁給王子，而這動作同時也使她成為王后，而王子則成為國王。

神話故事到這裡就已結束，然而卡巴拉還有後續，即這個新國王使他的新王后懷孕，並在完成此事之後翻身睡去。而新王后生下雙胞胎，即一位王子與一位公主，他們離開城堡去展開屬於自己的冒險。王子與公主分道揚鑣，而公主被下咒、昏迷過去……然後我們知道故事就從這裡開始。

這就是國王被創造的過程，亦即如果沒有公主——就不會有國王。公主也許沉睡、也許在森林深處陷入昏睡，身邊還有一些具有身高障礙的採礦工程師在戒護著，然而如果她一直沒有得到拯救，那已經睡去的老國王就永遠無法再度甦醒，整個宇宙的電力就會短路。而這種雙向的亂倫電路，即是創造並維持整個宇宙的動力源頭。

今日占術：這一切都很有古意，教士，但這要怎麼用在……

教士：傻子，我們正在講的就是處在這世界的你跟我呀！你所認為的那個你並不是你，而是夢的自己。事實上，你所認為的那個你，是藏在夢者裡面的裡面的裡面的夢者。你是這宇宙的國王，在熟睡入夢時認為自己是王后，而這位王后在熟睡入夢時認為自己是王子，而這位王子在熟睡入夢時認為自己是正在沉睡的公主。

我們恢復自身原始狀態的第一步，就是將我們的王子誘來親吻我們而使我們清醒過來。這過程雖然非常困難，但不是不可能，因為我們每個人都有一位王子正於「比較清醒」的世界到處奔走。即使是現在，他正用拳頭用力敲擊我們的玻璃棺蓋，企圖讓我們醒過來，這樣他就可以跟我們結婚並繼續他的天職。現代卡巴拉魔法師稱這位王子為神聖守護天使，並把自己與自身神聖守護天使的合一看做是通往靈性開悟的第一步。

今日占術：我們要如何與自己的神聖守護天使達到合一呢？

教士：你是藉由全然的愛戀來愛而達到這樣的境界，亦即藉由你自己的想像，以自身最理想的愛人形象創造出神，然後使自己完全地、毫無條件地臣服。

這樣的說法也許聽起來讓人不太自在，因為這好像是基督徒、佛教徒及印度教徒在跟你講說你得要這樣愛著他們的神，況且這說

法在某程度上也有合乎事實之處。不過，無論他們怎麼跟你說，任何宗教或信條都無法壟斷這項普世經驗，這經驗完全是普世的、沒有宗派分別。它其實不會管你用甚麼名字或形象來稱呼、看待自己的奉獻對象，所以只要可以成為你對於神聖天使的愛之專注對象，任何事物都可以運用。

所以你現在能夠看出公主牌之所以特別的原因嗎？它們就像你我一樣，處在元素宇宙的最低端，然而它們本身也是整個宇宙的基礎，也是偉大的創造配方當中的關鍵成分。

卡巴拉神祕家稱這個屬於沉睡公主的夢世界為「小宇宙」（Microcosm），它是物質界，也是我們靈魂裡面的動物魂魄。他們將它放在生命之樹的最底層。看看我帶來的一些圖。

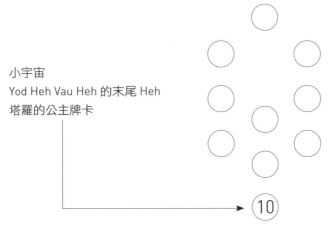

圖三四：公主牌卡的世界

王子的世界是形塑界，即比物質界高一層的卡巴拉世界，也就是所謂的大宇宙（Macrocosm），在我們裡面就是人類智性。而大宇宙在生命之樹的對應是位於中間的六輝耀。

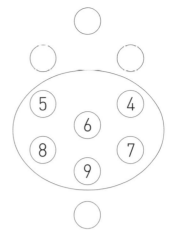

大宇宙
Yod Heh Vau Heh 的 Vau
塔羅的王子牌卡

圖三五：王子牌卡的世界

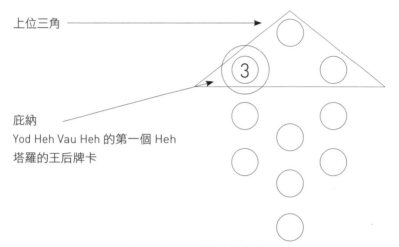

上位三角

庇納
Yod Heh Vau Heh 的第一個 Heh
塔羅的王后牌卡

圖三六：王后牌卡的世界

　　王后的世界是創造界，是比形塑界更高一層的卡巴拉世界，係以生命之樹上位三角的第三輝耀庇納為代表，對應到我們靈魂的靈魂智性部分。國王的世界是原型界，即最高的卡巴拉世界，係以生命之樹上位三角的第一、第二輝耀為代表，即科帖爾與侯克瑪，並對應到我們靈魂的 Chiah 部分，也就是生命力量本身。

今日占術：教士，這一切真是太有趣了。我可以看到公主牌卡與地元素之所以如此獨特且重要的原因，也非常想要多聽關於神聖守護天使的敘述。但是在訪談結束之前，你有答應要解釋公主牌卡為何不像其他十二張宮廷牌有代表黃道星座度數的原因。

科帖爾及侯克瑪
Yod Heh Vau Heh 的 Yod
塔羅的國王牌卡

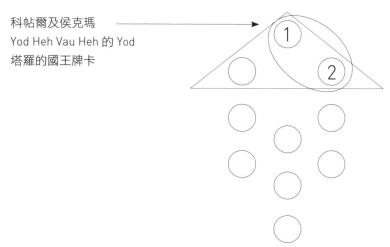

圖三七：國王牌卡的世界

　　教士：你說的對，我有答應過，對吧？沒錯，我得要講這部分，你們才能看到公主牌卡在所屬牌組是立意明確的關鍵牌卡，就跟王牌一樣。王牌與公主牌就像它們所屬牌組的始（Alpha）與終（Omega）。事實上，公主牌卡即是所屬牌組王牌的寶座。

　　其他的宮廷牌與小牌代表時間座標，各自掌管黃道星座度數及一年當中的特定時期，王牌與公主牌則是掌管上天的四分象限，並轉譯成地球上空間及地區的四分象限。

想像你自己正在地球北極（North Pole）正上方往下俯瞰北極，然後從北極沿著地表劃一條經過埃及吉薩（Giza）的線，而這條線最終會繞過整個地球回到北極，將地球劃分成兩半。然後依同樣要領從北極畫出一條跟上述線條垂直的線，這樣就將地球劃分成四等分。而這四等分就依下述要領分別對應 Yod Heh Vau Heh：

◆ 位在吉薩東邊的象限、也就是絕大部分的亞洲地區，係由權杖王牌及權杖公主所管；

◆ 聖杯王牌及聖杯公主管轄太平洋區域；

◆ 寶劍王牌及寶劍公主管轄美洲區域；

◆ 圓盤王牌及圓盤公主管轄絕大部分的歐洲及非洲區域（參見圖三八）。

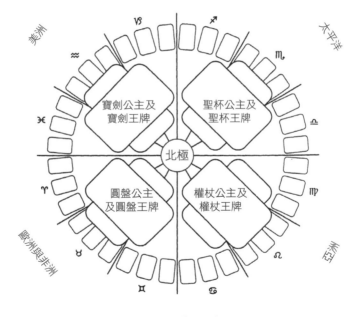

圖三八：世界座標

今日占術：這資訊真是不錯，能在進行關於全球事態或經濟的讀牌時幫上大忙。

教士：還有關於旅遊的問題也是如此。

今日占術：真是太驚人了。

教士：你才知道。那麼在結束的時候，我想跟你以及你的讀者講一下，就是你們也許不認為學習這些配賦屬性能在塔羅讀牌方面有任何助益，而我也無法保證一定會有幫助。但我能保證，在學習這些傳統屬性的過程中，你們必會發現自己其實是在接受宗教及哲學方面的博雅課程（Liberal Arts），它會是你們送給自己的美妙禮物。

這些卡巴拉資訊的確有可能在你們擔任塔羅占卜師的生涯完全不會用到。然而，我幾乎能夠跟你們保證的是，你們會在研究的過程中發現自己成為更加風趣、口才更好的人，而這是眾人對於稱職的塔羅占卜師會期望看到的特徵。

今日占術：教士拉梅得・本柯立孚德，今天下午的訪談真是讓人感到開心而且還能增長智慧。非常感謝您，我相信我們的讀者會發現這篇訪談真的讓人感到非常興奮呢。

第十章

教士拉梅得·本柯立孚德
最後演講：
卡巴拉神祕家所玩的遊戲

隆·麥羅·杜奎特

在卡巴拉的遊戲裡面，其遊戲目的在於失去自己——
勝者得不到任何東西，你能一起玩的對象也只有自己而已。
——教士拉梅得·本柯立孚德

　　這一章也許是本書最不尋常的一章，其內容係編輯自一些片段記錄與圖表，而就我所見，它們應代表教士拉梅得·本柯立孚德目前已知的最後教導寫作。在他潦草寫下後列明顯未完成的論述之後不到三週，他的門徒即通報他的失蹤。警察在他的房間並沒有找到任何犯罪跡象或關於他個人失蹤的線索。從那一週的地方新聞剪報當中，也沒看到他所住的蒙托克地區有發生什麼特別的事情，真要說的話，就只有短暫的節約停電以及蚊蟲出現非季節性的嚴重孳生。

就個人而言，我寧願相信這位自稱教士拉梅得·本柯立孚德的人仍在美國東岸生活度日。他已完成自己的使命，於是放下那個多采多姿的轉世人格，即反叛的教士及推動小雞卡巴拉運動的大師，並重拾之前的人生。

　　這篇最後論述看似是他打算寫給想像出來的所羅巴伯哲學青年學院學生的另一篇文章，用來介紹字母代碼法（Gematria）、字母縮寫法（Notariqon）及字母變換法（Temura）的基本概念。然而我們將看到這篇論述內容會反覆地從解題到非常離題，最後變成殊勝許多的事物。

　　這作品在好奇、深刻思索宇宙的完美當中嘎然結束。根據那片刻的「演講」語調與力道，我們可以明顯看到本柯立孚德正在接近自己時常一有機會就在宣講的超驗意識層級，而這種心智狀態即是感知到每一事物都連結、反映自己之外的一切事物並塑造其模式。

　　當我們透由他的文字來看這過程時，感覺就像往教士的非凡心智窺探傳說中的卡巴拉思想連鎖反應，那連鎖反應不斷高速運轉，就像同時有多個螺旋在動那樣。他反覆提問：「這一切有甚麼意思？」並快樂地回答：「誰在乎啊！」，其中有著類似禪宗的無執心態。當他專注處理眼前課題時，無論那是瘋狂或是明悟，我們都只能在一旁默默欣賞他在保持客觀的勤奮努力。他反覆做出失敗的嘗試、愉悅地擺脫線性理智的束縛，以深深潛進他一直嘗試描述的過程之核心。他藉此展現卡巴拉的靈魂的確遍及一切，不僅在希伯來字母與聖經各書，也會在像是個人姓名之類的常見事物，或是在像「祝你今天過得愉快！」（Have a nice day!）之類的無害事物中顯現出來。

卡巴拉神祕家所玩的遊戲——
字母代碼法、字母縮寫法及字母變換法

教士拉梅得‧本柯立孚德

向所羅巴伯哲學青年學院畢業生演講的記錄

　　我把今天要講的主題訂為「卡巴拉神祕家所玩的遊戲——字母代碼法、字母縮寫法及字母變換法」。從你們露出的誠懇表情中，我可以看到你們都在引頸期盼這次演講。畢竟你們絕大多數都認為——不斷玩著數字、字母與字彙的遊戲，直到解出神賜予自己的私人訊息，而那些訊息解釋創造的奧祕，並確認自己就是神聖天選之人的事實——卡巴拉不就是這樣嗎？啊～你們這些不幸的幼鳥，說實在的，藉由玩這些遊戲，你們的確會發現創造的奧祕，甚至會因為知道自己事實上是神聖天選之人而飽受折磨。（看在老天的份上，拜託別跟別人講這件事！）不過，我認為還是要事先警告你們才算公平，因為卡巴拉的遊戲非常強大有力，而且跟你們玩過的其他遊戲都不一樣。

　　首先，我們需要知道自己是因何誘因來玩這些彎折心智的遊戲，所以就從之前學到的十囑開始說起：

一、全為一。

　　了解那個「一」是所有卡巴拉神祕家的第二最終目標。

二、第一嘯是謊言。全為無。

卡巴拉神祕家的最終目標即是達到「無」的意識。

三、真的沒有所謂的萬物、時間或空間、天堂或大地——但那裡有一個你！

聽到這個，你們有沒有很高興啊？

四、我們之所以感知萬物、時空與天地的存在，係因自身感知能力有著根本的缺陷所致。

我們在感知能力的缺陷使我們持續困在幻象的存在狀態。

五、這缺陷無法修復，但能夠克服。

那麼我們要如何克服這缺陷呢？

六、如要克服自身有缺陷的感知能力，我們得自願將它們操到故障。

沒錯！然而這做法有可能會很危險。「每個開悟賢者都是瘋子」——這說法也許是真的，然而這不代表所有瘋子都是開悟的賢者！我們必須運用自律，並把那些用來操練自己的技術嚴格限制在單純觀察自身周遭幻象世界。而這些觀察為我們揭露的是：

七、天地裡面的每一事物連結天地裡面的每事每物。

八、天地裡面的每一事物反映天地裡面的每事每物。

九、天地裡面的每一事物含有天地裡面每事每物的模式。

你們應該無法僅靠檢視幻象天地之間的所有「事物」而獲得開悟。然而藉由深刻的超驗覺察，亦即覺察到自己是無上存在的眾連結、眾反映及眾模式當中無從分割的部分，你們卻有可能達到對於那個「一」的了解——也就是所有卡巴拉神祕家的第二最終目標。

十、對任何事物給予足夠的注意，你終會看見每事每物。

你們要觀察的對象可以是任何事物。然而，卡巴拉神祕家已經曉得，某些事物會比其他事物更容易揭露神聖的連結—反映—模式。

而數學完全就是這方面的最佳例子，因為它會為堅持到底的學生揭露這宇宙的架構本身。語言則是另一個可以用於靈性切分的優秀工具，畢竟究其本質而言，它即是眾連結、眾反映與眾模式的載具。某一心智能夠運用語言喚出影像，並把影像傳給另一心智，這跟神話中創世諸神下令創造的過程並無不同之處。

●　　　●　　　●

正統卡巴拉神祕家相信希伯來語是所有語言當中最為神聖的語言，而希伯來字母表的字母是創造的基石，也是將這些基石組合起來的工具。他們相信那些神聖經典的確是受到神聖感召，且最初係用希伯來文寫就，為的是層層遮掩及揭露那不斷深化的靈性真理。對於虔誠的猶太卡巴拉神祕家來說，無論是否有歷史方面的確認予以佐證，他們相信事情必然如此。

身為小雞卡巴拉神祕家的敝人對於聖經裡面許多部分致上無比敬意，因為它們以相當高明的方式為不斷推敲的學生產出令人驚訝的寶藏。更甚的是，我要感謝那位「偉大雞販」，祂使我們能夠自由取用如此龐大的宗派文學（sectarian literature），那是數百年累積起來的自我參照資料，其中包括卡巴拉古典名著，它們將聖經文章用來當作靈性佈告欄以登載最具啟悟的解釋。然而，親愛的學生，我們

跟正統卡巴拉弟兄姊妹們的區別，在於我們無論是否接納這資料的宗教面向，它都會是我們的研究根基：我們成為卡巴拉神祕家，不是要去證明《聖經》的神聖——而是因為每事每物本然神聖，我們才成為卡巴拉神祕家。對任何事物給予足夠的注意，你終會看見每事每物！此時此地，神正從《聖經》、《可蘭經》、《吠陀經》的書頁向你說話，也從報紙的漫畫專欄、看板、街道標誌、票根以及車牌向你表達。

不過當我們在運用字母代碼法（Gematria）、字母縮寫法（Notariqon）及字母變換法（Temura）的技術時，並不一定得要持續迅速思索那些字母與數字。我們每天處理的無數影像裡面有著無數數字，持續轟炸我們：那個酸黃瓜罐上面的57是幹什麼的？我們聆聽前40名的音樂、觀看第7頻道的新聞，上班時則先開到405號快速道路，再依序換到55號、5號及101號快速道路。

古代卡巴拉神祕家並不會在高速公路上面花太多時間，而且也應該不會聆聽前40名的音樂，而是花很多時間在研究經典，如同十嘛告訴我們，那些經典必然就像酸黃瓜罐一樣神聖。

事實上，聖經裡面早已爬滿數字。或許你想多加了解以西結（Ezekiel）對他那著名異象的談論吧？也許我們可從〈以西結書〉1:1找到線索。這段經文在英語是這樣寫的：

> 時值第三十年第四月的第五日，我跟俘虜們一起在迦巴魯河邊，而諸天開了，使我得見神的異象。[1]

以西結為自己的書留下確切時間，但是我個人並不認為他這麼寫是為了確保我們全都知曉他的書寫日期。然而，我的確認為他想要清楚表示，自己所要寫下的事物並不是那段有著飛碟、四頭異形及跳舞骷髏的迷幻冒險旅程。

　　我們在第一節看到數字 30、4 與 5，換成希伯來字母就是 L（ל）、D（ד）與 H（ה），若用希伯來字彙來看，**לדה** 即是代表「生」（birth）的意思。

　　第二節也有同樣的訊息：**在那個月的第五日，正值約雅斤王被擄去的第五年。**我們看到的是 5（ה、H）跟 5（ה、H）（廢話！），或是意指「窗戶」的希伯來字彙！窗戶是讓我們能夠透過它看出去、也能讓光透進來的事物。生，就是光不斷穿透的結果？那麼光穿透哪裡？至此，〈以西結書〉變得有點趣味了，不是嗎？那麼請看該書第八章的開頭是怎麼寫的：

> 時值第六年第六月的第五日，我正坐在家中，面前坐著猶大眾長老，主神的手在那裡搭在我身上。〈以西結書〉8:1。

　　我們看到的數字有 6、6 以及 5，然而我找不到可以拼作 VVH 或甚至 HVV 的重要字彙。然而當我把這三個數字排在一起時，就看到數字 665，而這是希伯來字彙「子宮」（womb、**בית הרחם**）的字母總和數值，它的確看似接續〈以西結書〉1:1 開始的主題：光穿透子宮，使子宮得以生產——那麼子宮生出了什麼呢？

　　也許該書第二十章能夠告訴我們答案，其開頭的數字還更多：

> 時值第七年第五月的第十日，某些以色列長老來求問耶和華，他們就坐在我面前。〈以西結書〉20:1。

這數字是 7510？如果我們真要處理如此大的數值，應該會腦筋打結，但是我們將 10 降成 1 的話，就會得到 751，也就是希伯來字彙 איש תם（AYSh ThM）之字母總和數值，意謂「完成的人」、「臻至完美之人」。所以，藉由探究這四節經文明示的數字，我們就會得到令人玩味的概念：光穿透子宮而生下臻至完美之人。

這會是以西結想要傳達的訊息嗎？大概不是，但誰在乎啊！無論那位老男孩原本想要傳達什麼事情，都會縮減到無關緊要的程度。對於我的靈性開悟而言，真正重要許多的是我的心智會為了要兜攏這一切而逼得超速翻攪滾動，從而使它得以敞開接受「意義」的無限可能性。對任何事物給予足夠的注意，你終會看見每事每物！更甚的是，無論你有連結到什麼事物，其實都沒有什麼太大的意義——因為它們終究都是連在一起的！你們沒看到嗎？

卡巴拉不僅讓我能夠詮釋別人的語中真意，它還迫使我去聽自己需要聽到的事情！每當在紙上算出某個連結，就等於我在自己的腦海中創造出一道新的連結（或是把我們的祖先在老早之前斷掉的連結重新接上），那麼我對於目標——體認到天地裡面的每一事物連結天地裡面的每事每物——又跨近了一步。

那麼我就把以西結留給你們，請用你們的智慧把他當成披薩來切。由於時間不長，我得開始講述關於字母代碼法、字母縮寫法及字母變換法的主題，我們可以藉由這些方法從數字與字母撐出更多的真理（及神聖謊言）。這裡要記得的是，為自己的宇宙翻譯機熱身不是只有這些方法，然而它們真的是三個業經測試、證實可行的經典小雞卡巴拉方式。

字母代碼法

　　字母代碼法（Gematria[2]）係指某個字彙的每個字母都轉成對應數字的做法。具有同樣數值的字彙們，則因其相同的數字振動而彼此相連，且（在某方面）可以用來相互形容。這些對應很少顯而易見，所以學生的任務就是對這些字彙及數字冥想，直到自己的意識層次可以消融那些幻象矛盾。

　　例如，意指「財富」（riches）與「權勢」（power）的希伯來字彙是 דבא（DBA），而這三個字母轉換成數字的總和等於神聖數字7。然而我們若倒著拚 DBA，就會得出 אבד（ABD）這個意指「喪失」（loss）及「衰敗」（ruin）的希伯來字彙。

　　雖然用不著火箭科學家來為我們指出「財富」與「權勢」的相反即是「喪失」及「衰敗」，不過這些字母在這些希伯來字彙呈現的順序與意義，則為我們講述既簡單卻又深刻的故事。

　　意謂「財富」的希伯來字彙 דבא 象徵有一道門（ד）裝在某間房屋（ב）或穀倉的入口，以圍住壯牛（א）（壯牛是古代的財富象徵之一）。

　　不過，意謂「喪失」或「衰敗」的希伯來字彙，則是逆向排列這些字母，因此它意指那頭象徵財富的壯牛（א）找到穀倉（ב）的門（ד）而逃掉了。講白了就是：門＋穀倉＋壯牛＝好棒！壯牛＋穀倉＋門＝糟糕！

　　字母代碼法的另一有名矛盾範例，即是意謂「彌賽亞」（Messiah）的希伯來字彙 משיח（MSh YCh），以及用來描述那條在伊甸園誘惑夏娃的蛇之字彙 נחש（NChSh），二者數值總和均為 358。這是否代表那條蛇也許是這世界的救世主，而彌賽亞也許會引領我們下地獄的意思呢？

基督徒必定認為「『耶穌』（**יהשוה** = 326）是『主』（**בל** = 32）」，而這兩個字加起來等於358，也就等於彌賽亞。然而，我敢打賭，當他們知道自己每次祈禱結束時必會忠實稱呼的「以『耶穌』（**יהשוה** = 326）之『名』（**שם** = 340）」，就卡巴拉來看竟然等於呼喚666時，應會感到相當驚訝，因666是〈啟示錄〉之獸（the Beast of the Book of the Revelation）的數字，對許多人來說也是聖經裡面某位最為可怕的敵基督之數字。我們是否真的不了解這些概念的意思，而數字358也許是唯一的線索呢？

　　講到這裡，我相信你們正在想，「教士本柯立孚德如何知道這些希伯來字彙能夠加總出這些數字呢？」嗯～你們也許不會相信，但我在1979年有休息幾個月，在美國紐約州的某個偏僻地方租一棟小屋，把聖經及所有重要的卡巴拉文獻裡面的希伯來字彙全都作了加總，然後我再用巨型旋轉式名片架把它們歸檔。那名片架實在太大，我媽說它會孳生塵蟎，所以我只能把它收在車庫。[3]

　　請參考表四，這能讓你們快速檢視英文字母及對應的希伯來字母之數值。[4]

英文字母	對應數值	英文字母	對應數值
A	1 或 70	N	50（N 若在字尾也等於 700）
B	2		
C	20 或 100（若 發音 像 cake 的 強音 c）、60（若發音 像 cider 的 弱音 c）	O	70 或 6
		P	80（P 若在字尾也等於 800）
Ch	8（同 chief 或 chug 的 ch 發音。Ch 也可以唸成 H 的音）	Q	100 或 20
		R	200
		S	60
D	4	Sh	300
E	5	T	9
F	6 或 80	Th	400
G	3	Tz	90（Tz 若在字尾也等於 900）
H	5		
I	10	U	6
J	10	V	6
K	20（K 若在字尾也等於 500）或 100	W	6
		X	90 或 8
L	30	Y	10
M	40（M 若在字尾也等於 600）	Z	7

表四：英文字母表與可能對應的希伯來計算數值

第十章　教士拉梅得‧本柯立孚德最後演講

有些英文字母之所以有多個數值，係因它們在唸的時候也有可能聽起來像是其他某些字母的發音，而這些字母具有不同的數值所致。例如「貓」英文字彙 cat，若用希伯來字母來拼的話，會有許多拼法，以下僅是其中數種：

חאט（ChAT = 18）　　　　　　חאת（ChATh = 409）

כאט（KAT = 30）　　　　　　קאט（QAT = 110）

כאת（KATh = 421）　　　　　　קאת（QATh = 501）

　　由於希伯來文不使用任何母音，所以在拼 cat 這個字時也可以只用子音：

חט（ChT = 17）　　　　　　חת（ChTh = 408）

כט（KT = 29）　　　　　　כת（KTh = 420）

קט（QT = 109）　　　　　　קת（QTh = 500）

　　字彙的加總數值會隨著不同拼法而改變，使我們有更多思考的材料，以及更有可能達到小雞卡巴拉神祕家夢寐以求的頭腦過度負荷狀態。就我看來，所有的拼法只要能產生想法的連鎖反應，都是同樣正確。小雞卡巴拉神祕家應當自由運用各式各樣的分類方法來轉譯英文字母與英文字彙。舉例來說，如果把我名字中的每個英文字母換成合理的對應希伯來字母（這是非常不希伯來的做法），就會得出數值419：

LAMED

30 + 1 + 40 + 5 + 4　　　　　　= 80

BEN

2 + 5 + 50　　　　　　　　　　= 57

CLIFFORD

20 + 30 + 10 + 6 + 6 + 6 + 200 + 4 = 282

　　　　　　　　　　　　　　= **419**

　　419 是個非常有趣的數字。首先，它是質數，亦即只有它自己（還有數字 1）才能整除它自己，其他數字都沒辦法。有些非常重要的希伯來字彙之加總數值就是 419。希伯來字母 ט 的名稱 טית（Teth）之加總數值就是 419，而 טית 即意謂「蛇」以及跟蛇的概念有關的各種好壞事物。根據《形塑之書》所言，Teth 是屬於黃道星座獅子座的字母。它在生命之樹上是指那條將第四輝耀黑系德連到第五輝耀葛夫拉的路徑，在塔羅牌則是「力量」那張牌。

　　哇！419 這數字真棒，不是嗎？不過如果我們再看深一點，就會發現「所多瑪」（Sodom）與「蛾摩拉」（Gomorah）的希伯來字彙（סדם עמרה）之字母數值總和也是 419，而我們可以從《聖經》看到兩座城的下場——真是不妙！也許我的名字應該換個不一樣的拼法。若用更嚴謹的希伯來文拼法，也許會像這樣：

LMD

30 + 40 + 4　　　　　　　= 74

BN

2 + 50　　　　　　　　　= 52

CLPhRD

20 + 30 + 80 + 200 + 4　= 334

　　　　　　　　　　　= **460**

然而 460 也是個很棒的數字（而且它在傳統猶太教是個大數字），因為它是這句「歸主為聖」（Holiness to the Lord、קדש ליהוה）所有字母的數值總和。（在舊約時代）這些字是刻在一面金牌，並繫掛在以色列大祭司的帽上。

　　我的名字可以進一步縮減成單一希伯來字母 ל（L），畢竟這字母的名稱拼法就是 LMD（למד），轉成英文就是 Lamed（拉梅得）。而 Clifford 裡面的 C 也能當成 Q 來看，所以就有以下結果：

L	
30	= 30
BN	
2 + 50	= 52
QLPhRD	
100 + 30 + 80 + 200 + 4	= 414
	= 496

　　這是個非常有趣的數字。總加數值為 496 的希伯來字彙當中，有巨大海獸利維坦（Leviathan、לויתן），以及生命之樹上位置最低的第十輝耀瑪互特（Malkuth、מלכות）。

　　不過，決定出某個字彙的數字只是樂趣的開始。我們接下來會用每個已知方法，還有幾個臨場自創的方法，來扯碎這個數字。例如，496 是 1 加至 31 的總數（換句話說，如果 496 是一桶葡萄酒，31 就是從那葡萄酒蒸餾出來的白蘭地）。如果我們拿一本關於數字的文獻[5]來查閱的話，就會看到數字 31 有幾個對應詞條，而就我所見，這當中有兩個字彙最為重要，其一是希伯來文對於「神」的至簡稱呼 אל（AL），另一個就是代表「無」的 לא（LA）。這讓我們想到十嘯的

前兩嘯——「全為一」（אל、AL），以及「全為無」（לא、LA）。無論你們對於伊斯蘭教有什麼看法，都得承認「阿拉」（Allah）的確是殊勝的神之聖名！

追著數字到處跳躍的過程並沒有固定不可變通的規則。玩到瘋，這就是目標！[6] 隨心所欲地切進其他對應層次。例如，由於 496 等於瑪互特，而象徵物質層面的瑪互特在生命之樹是第 10 輝躍，因此這意謂 496 也必然代表所有跟 10 有關的事物（畢竟 4 + 9 + 6 = 19 → 1 + 9 = 10）。數值等於 10 的希伯來字母就是 Yod，而 Yod 有「手」（hand）的意思。若用希伯來字母來表示英文的 hand，除了出現意謂「這個」（this、HA、הא）與意謂「皮囊」（a skin bottle、ND、נד）這兩個字之外，דנאה（HAND）的字母總加數值等於 60。而數值等於 60 的希伯來字母 （Samekh）則意謂陽具（老天啊！就是「這個」「皮囊」耶！），其字母名稱 סמך（SMK）的數值為 120，也就是 on 這個代表「存在」、「在」的神聖希臘文字之數值[7]，而它也是最為神聖的埃及文字之一，用於指涉那以太陽之人的形象現身的神祇。

有看到我們的成果嗎？即便僅是在字母代碼法的遊樂園小繞一圈，就讓我們獲得如此刺激人心的啟示，那就是 Yod、神的創造之手、「存在」與「在」的要素，在我們的大宇宙當中的太陽系具現為太陽，並在生命之樹位置最低的第 10 輝耀瑪互特的小宇宙物質層面具現為人的陽具（沒錯，就是這個皮囊呢！）——而它的數字是 496。

那這一切有甚麼意思呢？誰在乎啊！

你們可以看得出來這一切會流向何方，對吧？那就像山羊在峭壁間歡喜跳躍那樣，從一個想法跳到另一個想法，再跳到下一個，

然後無止盡地持續跳躍下去。那些從未想過可以連結的事物，你們幾乎能夠永遠持續去連結它們。然後某個東西遲早會操到故障，你們就克服了自身感知能力的根本缺陷。

不過，請別期望啟悟會隨著一些關於數字或語言的特定啟示而來。不、不、不，孩子們啊！如果這些發現使你們全身上下興奮激動，那只會嚇跑你們的所有朋友、毀掉你們的個人社交生活而已。你們的卡巴拉啟悟會悄悄地從簡單卻又深刻的體會而來，那就是體會到自己確實就像這些數字與字母，密不可分地連結著每事每物。

我們現在來講字母縮寫法及字母變換法，然而這兩種技巧事實上是字母代碼法的延伸，因為到最後分析的時候，字母或字彙的數值仍是最重要的部分。我們先來看字母縮寫法。

字母縮寫法

字母縮寫法（Notariqon[8]）有兩種，第一種係把單一字彙、語句或段落壓縮成更為精簡的形式，以期萃取出更為根本的真理；第二種則是把單一字彙擴展成一句話，使該字彙的各個字母成為組成那句話的各個字彙之字首。

第一種算是最常使用的字母縮寫法，係將一些已經堆砌起來的字彙，只取各字字首以組出另一字彙或某個具有重要意義的數字。我們可以從《聖經》的希伯來字彙與片語找出無數例子。但說實在的，這方法並沒有那麼棒，因為任何人都可以藉此使任一事物表達出幾乎一切其它事物，端視你們個人或宗教派別的成見而定。[9]這場靈性勞動的報酬，並非來自某字彙是另一事物業經編碼密藏的定義之證實過程，而是讓自己能夠跳脫日常的思想模式，並了解到任何

事物都有著成為其它事物的可能性。

舉例來說，請看這句話「I did it on time.」（我準時做完），取各字字首就會縮成 IDIOT（笨蛋）這個字，而 IDIOT = I（10）+ D（4）+ I（10）+ O（6）+ Th（400）= 430，就等於 Nephesh，即人類靈魂的「動物魂魄」之數值。（噢～老天！這例子太簡單了吧！）

第二種字母縮寫法即是將單一字母、字彙或語句擴展開來的方式。例如，我們就繼續之前開始的那段展開到字母 Yod 的連串思想：Yod 意謂「手」（hand），而 hand 這個字可以展開成那句在美國已經常使用到毫無意義的祝福話語「HAVE A NICE DAY」（祝你有個美好的一天）。

不過，別就此打住。當我們擴展這句「Have a nice day」時，就會發現這句不誠懇到想吐的魔咒之組成字母，可以擴展成有趣的墮落箴言：「HEROIN AND YODKA EASE AGONY. NOTHING IS CERTAIN EXCEPT DEATH AND YESTERDAY.」。（海洛因與伏特加能夠減緩焦慮。諸事無定，唯有死亡與昨日才能蓋棺論定。）

那這一切有甚麼意思呢？誰在乎啊！

字母變換法

在字母變換法（Temura[10]），字母會被代換成其他字母，而這就是典型的「密碼」。字母變換法的執行方式有無數種，所以我這裡跟你們講其中幾種就好。字母變換法的最原始形式，即是改換單一字彙或片語裡面的字母排列順序。我們就拿那句「HAVE A NICE DAY」來看，它可以重新編排出意義深淺不一的各種組合。

◆ 你也許在一天的開始唸誦簡單的肯定語句——「EACH DAY NAÏVE」。（每天都是純真的一天。）

◆ 或是用「HAVE AN ICE DAY」冷酷詛咒別人。（祝你有個凍到結冰的一天。）

◆ 你也許跟朋友建議吃個點心——「HAVE A ICE, ANDY」。（安迪，來吃冰吧）

◆ 或是在 HAY AND ICE AVE 的某個尷尬角落遇到某人。（那條又乾又冷的大馬路）

◆ 你有開始向飛車黨的主保聖人大衛做這樣的禱告嗎？——「AVE, CHAIN DAVE」。（萬福聖大衛啊，揮舞那鏈條吧）

◆ 電影裡面的壞人也許會問，「CAN A HEAVY DIE？」（惡棍會死嗎？）

◆ 這是什麼蠢問題啊，當然「A HEAVY CAN DIE」。（惡棍會死啊。）

◆ 你也許欣賞某人在握手時的紮實力道，因此你會說「YEA! A VICE HAND」。（不錯！這手勁真像老虎鉗呀。）

◆ 你也許吃太多巧克力，所以得要警告別人「I HEAVE A CANDY!」（我要把糖吐出來了！）

◆ 你的牙醫也許要你把寫有「I, A DECAY HAVEN」的告示牌掛在身上。（蛀牙都來我這裡避難了。）

◆ 或殘酷地跟你警告「HA! NAIVE DECAY!」。（吼！你不知道自己蛀牙了齁！）

- ◆ 為了榮耀那些死掉的間諜，天堂也許會一年一度舉辦 CIA HEAVEN DAY。（中央情報局天堂日）

- ◆ 某位憂鬱症患者也許會嘗試渲染自己想像的疾患，並 DYE A VAIN ACHE。（用虛飾的疼痛上色）

不幸的是，上面任何敍述都沒有什麼意義——但是誰在乎啊！只要看著那些原本不相干的事物連結起來就好。不過，如果我們處理的是那些具有各自對應數值及多種涵義的希伯來字母與字彙，也許會發現各式各樣令人發笑與啟悟的訊息。

卡巴拉神祕家在置換字母時最常用的方式，即是運用名為阿伊科貝克爾（AIQ BKR）或九室卡巴拉（The Qabalah of the Nine Chambers）的表格，請參見表五。

具有同樣數字根的字母會分在同一室，例如 1-10-100、2-20-200 及 3-30-300 等等，於是總共分成九室。字母 A 可以被置換成 I（或 J、Y）或 Q，而字母 B 可被置換成 K 或 R，因此才會有 AIQ BKR 這個名稱。意謂「公牛」（bull）的希伯來字彙 פר（PR、280）可以被置換成意謂「乳房」（bosom）的希伯來字彙 חב（ChB、10）。而英文字彙 LID（蓋子、34）則隱藏 ShAM（羞愧、341）這個字。

A	I, J, Y	Q	B	K	R	G	L	Sh
1	10	100	2	20	200	3	30	300
D	M	Th	H	N	K	V, W	S	M
4	40	400	5	50	字尾 500	U, O 6	60	字尾 600
Z	Ay, O	N	Ch	P	P	T	Tz	Tz
7	70	字尾 700	8	80	字尾 800	9	90	字尾 900

表五：九室卡巴拉

對於有在涉獵魔法方陣（Magick Squares）的小雞卡巴拉神祕家來說，九室卡巴拉（即表五）特別有用。魔法方陣其實就是生命之樹對應輝耀的數字方陣。換句話說，例如庇納是第三輝耀，因此它就是土星的輝耀表現形式，所以土星的魔法方陣就是三乘三的方陣。

在生命之樹依序往下的輝耀，它們所代表的數字依序遞增：木星（第四輝耀黑系德）的魔法方陣是四乘四的方陣；火星（第五輝耀葛夫拉）的魔法方陣是五乘五的方陣；太陽（第六輝耀悌孚瑞特）的魔法方陣是六乘六的方陣；金星（第七輝耀聶札賀）的魔法方陣是七乘七的方陣；水星（第八輝耀候德）的魔法方陣是八乘八的方陣，而月亮（第九輝耀易首德）的魔法方陣是九乘九的方陣。

這些魔法方陣（參見圖三九）裡面滿是數字，方陣所含的數字數目等同方陣的格數，因此土星／庇納的魔法方陣（3 x 3 = 9）所含數字為 1 到 9、木星／黑系德的魔法方陣所含數字為 1 到 16、火星／葛夫拉的魔法方陣所含數字為 1 到 25、太陽／悌孚瑞特的魔法方陣所含數字為 1 到 36、金星／聶札賀的魔法方陣所含數字為 1 到 49、水星／候德的魔法方陣所含數字為 1 到 64，而月亮／易首德的魔法方陣所含數字為 1 到 81。

圖三九：行星魔法方陣

土星

4	9	2
3	5	7
8	1	6

木星

4	14	15	1
9	7	6	12
5	11	10	8
16	2	3	13

火星

11	24	7	20	3
4	12	25	8	16
17	5	13	21	9
10	18	1	14	22
23	6	19	2	15

太陽

6	32	3	34	35	1
7	11	27	28	8	30
19	14	16	15	23	24
18	20	22	21	17	13
25	29	10	9	26	12
36	5	33	3	2	31

金星

22	47	16	41	10	35	4
5	23	48	17	42	11	29
30	6	24	49	18	36	12
13	31	7	25	43	19	37
38	14	32	1	26	44	20
21	39	8	33	2	27	45
46	15	40	9	34	3	28

水星

8	58	59	5	4	62	63	1
49	15	14	52	53	11	10	56
41	23	22	44	45	19	18	48
32	34	35	29	28	38	39	25
40	26	27	37	36	30	31	33
17	47	46	20	21	43	42	24
9	55	54	12	13	51	50	16
64	2	3	61	60	6	7	57

月亮

37	78	29	70	21	62	13	54	5
6	38	79	30	71	22	63	14	46
47	7	39	80	31	72	23	55	15
16	48	8	40	81	32	64	24	56
57	17	49	9	41	73	33	65	25
26	58	18	50	1	42	74	34	66
67	27	59	10	51	2	43	75	35
36	68	19	60	11	52	3	44	76
77	28	69	20	61	12	53	4	45

圖三九：行星魔法方陣

所有魔法方陣裡面的數字都經過巧妙安排，使得每一列、每一行或任一條對角線的數字們都有相同的加總數值。

你們也會注意到，數字 1 到 10，以及數字 20、30、40、50、60、70 與 80 在各種不同的魔法方陣中都以粗體字型呈現，係因它們也代表希伯來字母。數百年來，卡巴拉魔法家運用這些魔法方陣，創造出天使及其他各種不同靈性存在（即個別輝耀的多種不同面向之擬人化表現）的印記（sigil）與記號（signature）。這些印記含有對應之靈性存在的數學本質，能用於填充招引符（talisman）或護身符（amulet）的能量，另一用途則是以魔法杖（magic wand）在空中虛畫它們，以召喚、聚焦相應靈性存在的能量。

然而這些魔法方陣明顯都無法完全呈現所有希伯來字母，即使最大的月亮方陣，也只有 81 個方格而已，完全沒有這些字母——Tzaddi（90）、Qoph（100）、Resh（200）、Shin（300）及 Tav（400）——的位置。

土星的魔法方陣可惜只有九個數字／字母可用。那麼我如何用土星的魔法方陣來繪出笨手笨腳的宅天使朵凱爾（DORKAEL[11]）的印記呢？我可以看到 D 對應 4、O 對應 6、A 對應 1、E 對應 5，但是該拿 R、K 及 L 怎麼辦呢？土星的魔法方陣沒有 200、20 與 30，這代表我無法做這件事嗎？當然不是！

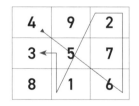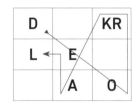

圖四十：製作印記

這就是九室卡巴拉（表五）可以著力之處。我從九室表查到 R（200）的位置，看到它與 K（20）與 B（2）共處一室，而土星魔法方陣沒有 20 的位置，但有 2 的位置。因此，在製作 DORKAEL 的印記時，我會把 R 的 200 當成 B 的 2 來看，並使用數字 2 的方格，而輪到 K 時也還是得用到 2 的方格。

　　字母變換法的其他技巧則是用各種不同方式將字母表分成上下對齊的兩列，將各個字母用它的上格或下格字母來替換，而圖四一的版本（即上面那個）則用表格的前四個字母稱為 AThBSh 轉碼法。（這種簡易轉換方式又稱首尾倒換轉碼法，也就是第一個字母（首）對應最後一個字母（尾）、第二個字母對應最後第二個字母並依此類推下去的轉碼方式。）

　　而圖四二的字母變換法版本，則用表格的前四個字母稱為 ALBTh 轉碼法。

　　你們可以想見，這些字母有幾乎無數種排列組合方式……於是它們……[12]

K	I	T	Ch	Z	V	H	D	G	B	A
L	M	N	S	O	P	Tz	Q	R	Sh	Th

圖四一：AThBSh 轉碼法

K	I	T	Ch	Z	V	H	D	G	B	A
M	N	S	O	P	Tz	Q	R	Sh	Th	L

圖四二：ALBTh 轉碼法

……重新排列字母……為了剝掉……

……無數方式……

……我們唯一能做的事情就是重新排列……

……它看起來就像創造……

有時它就是那麼……我們並不是真的要爬上生命之樹才能回到神之首‥我們只要剝掉……剝掉……就像處在堅果之園[13]的所羅門……把膜剝掉以顯示下一層膜，一層又一層地剝下去……位在堅果中央的芽是不可見的‥是空無一物的……然而它攜帶著自身所有祖先的密碼以及未來無數堅果的可能性……我是那在中央的芽……不是種殼……不是種仁……不是皮膜……我是在那之間的無。

……有時這狀態會變得非常……

好吧，我想字母變換法已經講得差不多了，而且……我也許現在已經說夠了。

抱歉。

親愛的朋友，你們也知道的，說到底，我們無論怎麼重排、置換字母都沒有什麼差別。只要這一切幫助我們做出最後的連結，某一數字是否揭露另一數字，或字彙，或……或任何事物，都沒有差別。畢竟到頭來，我們「做了什麼」真的無關緊要，唯一重要的是我們「做了」。

每個字母、每個數字、每個字彙、每幅影像、每個概念、每個
想法及其組成元件，同時也會是每一其它字母、每一其它數字、每
一其它字彙、每一其它影像、每一其它概念、每一其它想法及其組
成元件的美妙創造者、承繼者與摧毀者。

　　它真的非常美妙，事實上——如此井然有序。

　　沒錯，真的相當、相當井然有序，而且……而且真的很……很
……

　　平靜無波。[14]

跋——神之分名

> 為了結合的機會，看在愛的份上，就讓分割臨於我身。
> 世界的創造就是如此，分割的疼痛無關緊要，
> 互溶的喜樂才是一切。
> —艾瓦茲（AIWASS）

我個人覺得，此時以教士拉梅得‧本柯立孚德最了不起的作品〈神之分名的祕密〉（The Secret of Shem-ha-Mephorash）來總結我們對於小雞卡巴拉的研究，實在適合不過。這篇大師級的迷你作品，原是被細膩地書寫在他那〈卡巴拉神祕家所玩的遊戲〉筆記本的背面，所以它非常有可能是教士最後寫下的文字。

Shem-ha-Mephorash 意謂「經過分割的名字」（divided name），是傳統上最常被拿來推敲及討論的卡巴拉主題。不幸的是，除了〈神之分名的祕密〉之外，教士並沒有留下任何關於該主題的文字或錄音。[1]

我們有充分的理由相信，本柯立孚德是在〈卡巴拉神祕家所玩的遊戲〉那段唐突謎樣的結論之後不久到他失蹤之前的這段時間寫下這些文字。就我看來，他在那時有突破到超驗的明悟境地（至少暫時如此），那是他一直以來拼命努力的目標。我相信他是在那種白熱的提升狀態，寫下教士拉梅得‧本柯立孚德的最後72個字。

教士拉梅得‧本柯立孚德最後寫下的字：
God is.
「神」純然存在。

Undivided God is pure potentiality and realizes Nothing.
沒有切分的神僅是純然的潛勢，祂只了解「無」。

God can only realize Itself by becoming Many and then experiencing all
possibilities through the adventures of Its many parts.
唯有成為「多」，神才能了解自己，並藉由自身眾多部分的冒險而經
驗一切可能性。

The ultimate purpose for My existence is to exhaust My individual potentiality.
「我」的存在的終極目的，即是將我的個體潛力完全用盡。

My Love for God and God's Love for Me springs from the Great Secret we
share.
我對神的愛，還有神對我的愛，會從我們共享的偉大祕密泉湧而出。

The Secret is
那祕密就是

God and I will achieve Supreme Enlightenment at the same moment.
神與我將會同時達至無上開悟。

註

序言

1 雖然我目前沒有準備要做出任何指控，但有趣的是，杜奎特已經出版的那些祕術暢銷書籍，其風格與內容都與教士拉梅得・本柯立孚德未發表的手稿非常相似。話講到這裡就好。

2 「意志」（will）在希臘語就是「泰勒瑪」（Thelema），用卡巴拉的方式來計算「泰勒瑪」的話，可以得出93這個數字。

前言

1 我這裡所用的「正統」一詞係指其最普遍應用的意思，即「與已經確立的經典相符」，而不是指猶太教（Judaism）世界裡面的特定政治運動團體，像是正統派（Orthodox）、改革派（Reform）及保守派（Conservative）等等。

2 「卡巴拉」（Qabala）的希伯來文字是 Qoph（ק，即 Q）、Beth（ב，即 B）及 Lamed（ל，即 L）。然而許多擁護卡巴拉的猶太人在把這個字轉成英文時，傾向用 K 代替 Q，而 B 則重複寫（即 Kabbala）。至於如此做的理由，我仍不太明白。

3 基督信仰的習修者傾向把卡巴拉拼成 Cabala。

4 儀式魔法的習修者傾向把卡巴拉拼成 Qabala。

5 Gershom G. Scholem, Zohar: The Book of Splendor: Basic Readings from the Kabbalah (New York: Schocken Books, 1972), pp. 17 and 18.

6 《光輝之書》係依據《律法書》（the Torah，譯註：即舊約聖經的摩西五書）所撰的神祕小說，大致上應算是最有名的卡巴拉文獻。

第零章

1 參見第六章。

第一章

1 參見第四章。

2 參見第四章。

3 教士對於希伯來字彙發音的堅持，使他成為幾乎所有卡巴拉社群的笑柄。當然，若依方言來看，希伯來字彙的確有許多正確的唸法。然而，我相信本柯立孚德想要指出的是，若以卡巴拉的研究而論，字彙的發音完全無關緊要，這方面的爭論只是在浪費寶貴的時間。藉由採取如此不在意的態度，小雞卡巴拉神祕家就能享受令人振奮的靈性自由，以探究該學問更加重要的面向。

4 參見第二章。

第二章

1 參見第三章。

2 參見第三章。

3 這三個字母 AIN 算是最高階的卡巴拉謎團，即當 AIN（意謂「否在」或「負向存在」）重新排列成 ANI 時，就是希伯來文意謂「我」及「我自己」的字彙。

4 本柯立孚德對於《形塑之書》的譯文有提到：「神……（藉由三個想像出來的朋友——數字、字母與話語——的協助）創造出具有 32 條智慧祕徑的宇宙，係由無中生有的十輝耀及 22 個字母所組成。

5 至少我本人是真實的。說實在的，我不確定你是否也是如此。

6 這是通往瘋狂的藥方嗎？——醒醒吧！你早就瘋了——而且盲目、耳聾，連被踩到都沒感覺！請參考第十章，那裡介紹卡巴拉神祕家所玩的遊戲——即字母代碼法、字母縮寫法及字母變換法。

第三章

1 即使最受尊崇的《形塑之書》的譯者們，也承認他們所用的原始文獻裡面有著前後不一致的狀況，還有其他已嚴重損毀的明顯跡象。十九、二十世紀的赫密士卡巴拉神祕家（特別是黃金黎明會的大師們）則擅自調整特定的行星、星座與字母的對應，以與現代普遍認知的占星標準一致。教士本柯立孚德的「譯文」係遵照這個現代傳承。

2 參見第七章。

3 這裡的聖經譯文明顯是教士自己從標準的希伯來文獻翻譯過來的。

4 編註：本柯立孚德宣稱自己出生時，他的母親那時是樂意與「冷面伊本」克列斯莫樂團（Cliffy Eban Klezmer Band）團員纏綿床榻的少女粉絲，所以並不確定這個孩子的父親是誰。她想為這孩子取神的名字 El，然而她的同事指

出這樣做也許會被認為是褻瀆神。所以她只用一個字母 L 為孩子取名，而這英文字母的唸法就是 El，而 L 轉換成希伯來文就是 **ל**、Lamed（拉梅得）。

5　你也許會覺得訝異，在古代猶太人的思想中，把神當成父親來看其實是挺陌生的概念。亞伯拉罕（Abraham）是猶太人之父，對於猶太人來說，他才是代表父親的形象。然而在聖經中，亞伯拉罕從未用父親來指稱神，諾亞（Noah）、摩西、以利亞（Elijah, Elias）、耶利米（Jeremiah）、以西結（Ezekiel）、阿摩司（Amos）、約拿（Jonah）、所羅門（Solomon）、以斯拉（Ezra）或尼希米（Nehemiah）也都沒有這麼說。事實上，整部《舊約聖經》只有〈以賽亞書〉的兩節經文及〈詩篇〉裡大衛的某一篇詩提到神具有類似父親的品質。

6　卡巴拉神祕家會馬上指出，由於 **ויאמר אלהים**（即「而神說」，字面則是「而以羅欣說」）在〈創世記〉的第一章中出現十次，因此數字十是創造的關鍵數字。

7　〈約翰福音〉1:1。

8　地元素，就像最低的輝耀瑪互特，可以算是宇宙的繼子。它係以希伯來字母 Tau 為象徵，而該字母亦象徵土星。然而，在創世情境的初期，原初、原始的三個元素是風、水、火。

9　有些希伯來字母看起來非常像其他字母。我們會在第四章多加認識這部分。

第四章

1　你們有些人對於希伯來字母的知識也許已經到足以運用的程度，所以也許會想要直接跳到下一章。請忍住這樣的衝動，並至少全部讀過一遍，你也許會學到一、二個自己原先不知道的事物，而且至少能夠在書寫希伯來字母方面幫助到你。

第五章

1　隨你的意思來唸就好。

2　希伯來字母 **פ** 也有類似英文字母 F 的發音，那麼 **פפ** 還可以唸成〔法ㄈㄨ˙〕（faf）、〔發～斐˙〕（fafe）、〔ㄈㄧ～ㄈㄨ˙〕（feef）、〔ㄈㄧ˙ㄈㄨ˙〕（fif）、〔ㄈㄞ斐〕（fife）、〔法ㄈㄨ˙〕（fof）、〔否斐〕（fofe）、〔付˙ㄈㄨ˙〕（fuf）、〔發法〕（fafa）、〔發夫ㄈㄧ〕（faffy）、〔發夫愛〕（fofeye）、

〔 ㄈ—～ㄈ—'～〕（fee fee）或〔 否～否～ 〕（foo foo）。

3 編註：教士又再次顯示出他對於戲劇性的偏好。大祭司明顯並不一定死於某場驚人爆炸之中。然而，「他非常有可能會在碰觸約櫃並說出那不可說之名時失去意識」應該已是預料中事。

4 編註：關於古代人們對於戰鬥之神的運用，教士本柯立孚德的描述還滿正確的。然而他這裡提到的那個具有紀念性的守護圖騰乳酪，明顯完全沒有歷史或傳統上的根據。

5 編註：亞倫的杖是杏木製成的長杖，而它在某個神恩片刻奇蹟地開出花來。「一根杏木杖」（a rod of almond）在希伯來文係 **מטה השקד**，換算成數值則得質數 463。而總和為 463 的三個希伯來字母則是 **תסג**（Tau, Samekh, and Gimel），它們在生命之樹（參見第 70 頁圖八）形成中柱——亦即從物質存在前往至高神性的最為平衡、直接的道路——而其在小宇宙的對應就是人的脊柱。無論亞倫的杖到底是由何種材質製成，只要有人對於它如何發揮功能有興趣，據描述是一律回到它是「一根杏木杖」。因此，以下的假設也並不是沒有道理，即一根處在正電流（即右手之柱或嚴柱）與負電流（即左手之柱或慈柱）之間的長條中棒（中柱），也許是具有磁性或電性的物體。

6 長約為 3.75 英尺（約 1.1 公尺）、寬與高均約為 2.25 英尺（約 0.7 公尺）。

7 又稱蔽罪座（atonement cover）。

8 長約為 3.75 英尺（約 1.1 公尺）、寬與高均約為 2.25 英尺（約 0.7 公尺）。

9 「那時，所羅門將以色列的長老和各支派的首領，並以色列的族長，招聚到耶路撒冷，要把 **יהוה** 的約櫃從大衛城——就是錫安——運上來。……祭司將 **יהוה** 的約櫃抬進內殿，就是至聖所，放在兩個基路伯的翅膀底下。……祭司從聖所出來的時候，有雲充滿 **יהוה** 的殿；甚至祭司不能站立供職，因為 **יהוה** 的榮光充滿了 **יהוה** 的殿。」——〈列王記上〉8:1, 6, 10-11

10 編註：本柯立孚德說得沒錯。埃及人的墓地已有發現粗糙的電池，即貼有金屬的罐子裝有看似是壓碎葡萄的溶液以及幾根棒子，據推測這種裝置能夠幫忙為處在地下工作場所的工人與藝匠提供照明。

第六章

1 「當好萊塢看到我的書面提案，他們會馬上認出這是賣座大片，並給我很多錢把它製作出來。」

2 隨你的意思來唸就好。

第七章

1 它最早是在 1652 年阿思拿希爾斯・基爾旭（Athanasius Kircher）的著作《俄狄浦斯埃及學》（Oedipus Ægyptiacus）發表。

2 輝耀的原文名詞單數為 Sephirah，複數則為 Sephiroth。

3 參見第三章。

4 編註：舊約〈以斯拉記〉並沒有第十一章。。

5 看來教士所編的這套幻想劇碼刻意不提舊約還有許多先知所著的書，它們其實也是值得以卡巴拉的方式進行探究的豐富寶藏。

6 那些文獻當然不會有「含糊不清之處」——因為它們全都是教士本柯立孚德編出來的，而且是用 HB 的鉛筆寫在現代歷史筆記簿的紙張上。

7 教士本柯立孚德在這裡的處理實在太過輕率，居然在應當是古老文獻的真本用「西元前」來標明日期。

8 參見第六章。

9 即原型界（Atziluth）、創造界（Briah）、形塑界（Yetzirah）與物質界（Assiah）。參見第六章。

10 即生命力量（Chiah）、靈魂直覺（Neshamah）、人類智性（Ruach）與動物魂魄（Nephesh）。參見第六章。

11 參見第六章。

第八章

1 即「係由某個死不掉的陰魂翻譯成英語版本，而身兼該書編輯、審稿、引介、註釋的睿智阿列斯特・克勞利（Aleister Crowley）還用各式各樣的歡樂事物加以裝飾的《所羅門王的召喚惡魔之書》（The Book of the Goetia of Solomon the King）」。最近的版本含有 M. L. Breton 繪製的精靈版畫及 Hymenaeus Beta 所著的序言（York Beach, ME: Samuel Weiser, 1996）。它原是《所羅門小鑰》（The Lesser Key of Solomon，又名 Lemegeton）的第一冊（譯註：冊名 Ars Goetia 即〈召喚惡魔之技藝〉），後經麥克葛瑞格・馬瑟斯（S. L. MacGregor Mathers，也就是上面整個稱謂裡面的「死不掉的陰魂」）譯自大英圖書館斯隆抄本（British Library Sloane Manuscripts）第 2731 號與第 3648 號而有此書。

2 金星的精靈。

3　人們若對營養與解剖有大致上的了解，那麼他們比那些不了解這些知識的人更有可能保持健康，這是不爭的事實。然而話說回來，若要保持健康，我們其實也不需要去記憶每根骨頭、每條肌肉的名稱。

第九章

1　編註：事情是這樣的——整篇訪談裡面的「卡巴拉」都寫成錯誤的「奎巴拉」（Queballa）。為了使個人理智不致斷線，我還是把整篇訪談的所有奎巴拉都改回「卡巴拉」了。

2　隱者等於，，所以是「I」；魔法師等於ﬤ，所以是「B」；吊人等於ﬦ，所以是「M」。

3　查閱星曆表（ephemeris）來確認每一年太陽度數的準確日期，應是最睿智的做法。

第十章

1　The Holy Bible, George M. Lamsa, trans. (Philadelphia: A. J. Holman Company, 1967)。（譯註：此為依據聖經敘利亞語譯本 Peshitta 的英譯本，國外通稱 Lamsa Bible。）

2　隨你的意思來唸就好。

3　這說法真是徹底的謊話！這無疑是本柯立孚德講過最露骨的謊言。根據那些在他身邊的門徒所言，根本沒有什麼巨型旋轉式名片架。教士當時是運用早已準備好的辭典與教材。事實上，人們常看到本柯立孚德抓著他那本已經破破爛爛的《777》（即777 and Other Qabalistic Writings 一書，由 Samuel Weiser 於 1970、1981、1986 出版，現在仍繼續出版）——那是阿列斯特・克勞利的卡巴拉，其中含括〈輝耀之書〉（Sepher Sephiroth），係重要的希伯來字彙及其數值對應的匯編。

4　請參考第四章更加完整的對應表。

5　Aleister Crowley, 777 and Other Qjzbalistic Writings, Israel Regardie, ed.

6　編註：以下是本柯立孚德切進某種訓練有素的「瘋狂」狀態之典型範例，該狀態是卡巴拉啟蒙早期階段會有的症狀。請盡可能跟上他的推演過程。當你開始認為他那看似沒有邏輯的推演的確有其意義時，你就已經走上通往卡巴拉啟蒙的「道路」。（請注意：當這狀況發生的時候，你有可能會因自己對於

卡巴拉的熱情而講話變得滔滔不絕。其實在這樣的時候，跟自己的親人與朋友分享自己的啟蒙是非常不智的作法，因為你很有可能會發現自己正被送往到處都鋪滿軟墊的旅（ㄐㄩˊ）館（ㄕㄕˋ）房（ㄅㄧㄥˋ）間（ㄩㄢˋ）。）

7　如同「存在論」（ontology）──關於存在或實相本質的形上學研究──的字首 on 之意。

8　隨你的意思來唸就好。

9　編註：我真的得把敵人另一著作《新千禧年的天使、魔鬼與神祇》（Angels, Demons & Gods of the New Millennium, York Beach, ME: Samuel Weiser, 1997）原文第三十頁的摘文轉載在這裡。我認為教士也會覺得很有趣：

也許（字母縮寫法）最有名的例子就是 BRAShITh，這是〈創世記〉的第一個字，通常會翻譯成「在一開始」（In the beginning）。B-R-A-Sh-I-Th 可以擴張成 BRAShITh RAH ALHIM ShIQBLV IShRAL ThVRH，即「在一開始，以羅欣看到以色列會接受律法」。然而這種練習的缺點也很明顯，例如上面那句也許對於身為正統猶太人的卡巴拉神祕家而言具有深切的意義，然而具有基督信仰的卡巴拉神祕家也許會偏好波斯珀‧魯格里（Prosper Rugere）的闡釋：BBVA RBN AShR ShMV IShVo ThOBVDV，即「主將到來，應信奉名為耶穌者」。不過呢，持惡魔信仰（diabolist）的卡巴拉神祕家也許會提出異議，認為它的真義應為 BRAShITh RAH AShMDAI ShIQBLV IShRAL ThChLVM，即「在一開始，（魔王）阿斯莫岱（Asmodai）看見以色列會接受妄想」。

10　隨你的意思來唸就好。

11　看來這位天使似是本柯立孚德僅是為了方便用圖解釋而編造的。

12　本柯立孚德最後論述的手抄本在這之後就變得碎散，我有嘗試把當中損毀的字彙重現出來。我相信它提供一個深刻體認的難得機會，讓我們看到他的人類智性對於自我認同的執著總算鬆開、使他能更加完整地認同自身靈魂的更高面向的那一片刻。

13　《雅歌》（Song of Songs）6:11。（譯註：「堅果之園」（nut garden）也是卡巴拉另一重要文獻 Ginnat Egoz 的名稱。而「堅果」Ginnat 的希伯來字彙即是 GNT，據稱係指用於探究聖經靈性意義的字母代碼法（Gematria）、字母縮寫法（Notariqon）以及字母變換法（Temurah）之字首，堅果也因此被視為祕法的象徵。）

14 平靜無波之點（the Smooth Point）──這是科帖爾的傳統稱號之一。（譯註：
 smooth 有多種意義，此處係取 smooth 用於形容海面、情緒時的意思。）

跋

1 考慮到有些讀者並不熟悉那些藏在「神之分名」（Shem-ha-Mephorash）背後
 的基本傳統概念，我已在〈字彙表〉摘錄敝人另一著作《新千禧年的天使、
 魔鬼與神祇》中詳細討論卡巴拉此一迷人面向的相應部分。

字彙表

1 York Beach, ME: Samuel Weiser, 1997, p.39.

2 The Holy Bible from Ancient Eastern Manuscripts, George M. Lamsa, trans.
 (Philadelphia: A. J. Holman Company, 1967), Exodus 14:19-21.

字彙表

AIN（否在、無有）——全然的負向（Negativity），甚至連負向存在（negative existence）的概念也沒有，係為第一道負向存在帷幕。身為「一」的科帖爾（Kether）係從這三道負向存在帷幕中浮現。

AIN-SOPH（無限的無）——第二道負向存在帷幕。身為「一」的科帖爾係從這三道負向存在帷幕中浮現。

AIN-SOPH-AUR（無限的光）——第三道負向存在帷幕。身為「一」的科帖爾係從這三道負向存在帷幕中浮現。

AIQ BKR（阿伊科貝克爾、九室卡巴拉）——係將 22 個希伯來文字母及其字尾形式分成九室的密碼表，即 1-10-100、2-20-200、3-30-300、4-40-400、5-50-500、6-60-600、7-70-700、8-80-800 及 9-90-900。參見 Temura。

ATZILUTH（原型界）——是卡巴拉四界觀的第四界、也是最高的界，對應四字神名的 Yod、火元素及塔羅牌的權杖牌組。在原型界，神的男性面相及女性面向於極樂中合而為一，而其他三界，即創造界（Briah）、形塑界（Yetzirah）及物質界（Assiah），均是這結合的產物，純粹的程度也會持續縮減下去。原型界可想成是「神之意志」（the Will of the Deity），即神在其至純面向的意志。原型界在人類靈魂的對應部分則是生命力量（Chiah、the Life-Force）。

ASSIAH（物質界、行動界）——是卡巴拉四界觀的第一界、也是最低的界，對應四字神名末尾的 Heh、地元素及塔羅牌的圓盤牌組。光通過諸界（原型界、創造界、形塑界）而退化所產生的不純事物，會在此結晶形成物質界以及人類經驗。物質界在人類靈魂的對應部分則是動物魂魄（Nephesh、the Animal Soul）。

BINAH（庇納）－Understanding（領會）──是生命之樹的第三輝耀，係為土星領域（Shabbathai）。原型界的對應神之聖名：上主神（YHVH Elohim）。創造界的對應大天使：扎夫基爾（Tzaphqiel，罩神者）。形塑界的對應天使團：眾英豪天使（Aralim, Mighty Ones）、對應天使：卡西爾（Cassiel）。物質界的對應行星智性：阿吉爾（Agiel）、對應行星精靈：扎則爾（Zazel）。

BRIAH（創造界）──是卡巴拉四界觀的第三界、也是次高的界，對應四字神名的第一個 Heh、水元素及塔羅牌的聖杯牌組。原型界純然的光在創造界變得組織化。創造界是至高大天使們的居所及寶座，它也可被視為「神之心」（the Heart of the Deity）。創造界在人類靈魂的對應部分則是靈魂直覺（Neshamah、the Divine Soul Intuition）。

CHESED（黑系德）－Mercy（仁慈）──是生命之樹的第四輝耀，係為木星領域（Tzedek）。原型界的對應神之聖名：神（El）。創造界的對應大天使：薩基爾（Tzadqiel，神之正義）。形塑界的對應天使團：眾明亮存在（Cashmalim, Brilliant Ones）、對應天使：薩奇爾（Sachiel）。物質界的對應行星智性：喬菲爾（Iophiel）、對應行星精靈：希斯邁爾（Hismael）。

CHIAH（生命力量）──係靈魂的四部分當中的第四部分，也是最高的部分，對應四字神名的 Yod、火元素、塔羅牌的權杖牌組以及原型界（Atziluth）。

CHICKEN QABALAH（小雞卡巴拉）──這個用來假裝自貶的名詞，係指涉神聖希伯來卡巴拉的一些對於西方赫密士靈性傳統習修者而言具有實用價值的面向，這當中包括占星術、數字學、塔羅牌及數種不同的儀式魔法。

CHOKMAH（侯克瑪）－Wisdom（智慧）——是生命之樹的第二輝耀，係為黃道領域（Mazloth）。原型界的對應神之聖名：神（Yah, God）。創造界的對應大天使：拉吉爾（Raziel，神之祕密）。形塑界的對應天使團：輪天使（Ophanim, Wheels）。

DAATH（達阿思）－Knowledge（知識）——是生命之樹的虛輝耀或假輝耀，其位置在那道將生命之樹的上位三角（the Supernal Triad）與其他部分分隔的深淵（the Abyss）。雖然知識在個人入門過程是至關重要的必須工具，然而理智有其侷限，得要克服之後才能達到更高的意識層級。達阿思是虛假的理智王冠（Crown of Reason），而深淵即是主導離散（dispersion）的大惡魔庫隆融（Choronzon）之居所。這位大惡魔的任務就是與入門者對話，利用「合理化」的無限迴圈，使入門者在最後關頭無法臣服於超驗意識（Transcendent Consciousness）。

ETZ HA-CHAYIM——參見 Tree of Life（生命之樹）。

GEBURAH（葛夫拉）－Strength（力量）——是生命之樹的第五輝耀，係為火星領域（Madim）。原型界的對應神之聖名：萬能的神（Elohim Gibor, Almighty God）。創造界的對應大天使：哈瑪耶爾（Kamael，見神者）。形塑界的對應天使團：焰蛇（Seraphim, Fiery Serpents）、對應天使：薩瑪耶爾（Zamael）。物質界的對應行星智性：格菲爾（Graphiel）、對應行星精靈：巴扎貝爾（Bartzabel）。

GEMATRIA（字母代碼法）——這是將組成單一或多個字彙的所有字母轉換成對應數值的處理方式。總和為相等數值的不同文字，會因同樣的數字頻率而有所關連，並且（在某層面上）可以彼此互為解釋。

HOD（候德）－Splendor（榮耀）—— 是生命之樹的第八輝耀，係為水星領域（Kokab）。原型界的對應神之聖名：萬軍之神（Elohim Tzabaoth, God of Hosts）。創造界的對應大天使：米迦勒（Michael，肖神者）。形塑界的對應天使團：眾神諸子（Beni Elohim, Sons of Gods）、對應天使：拉斐爾（Raphael）。物質界的對應行星智性：提律爾（Tiriel）、對應行星精靈：塔夫薩薩瑞斯（Taphthartharath）。

KETHER（科帖爾）－The Crown（王冠）—— 是生命之樹的第一輝耀，係為原動天領域（Rashith ha-Gilgalim, the Sphere of the Primum Mobile）。原型界的對應神之聖名：我是（Eheih, I am）。創造界的對應大天使：梅特昶（Metatron，存在的天使）。形塑界的對應天使團：神聖活物（Chayoth ha-Qadesh, Holy Living Creatures）。

MALKUTH（瑪互特）－Kingdom（王國）—— ，是生命之樹的第十輝耀，也是最低的輝耀，係為地球及物質存在的領域——元素領域（Olam Yesodoth）。原型界的對應神之聖名：大地之主（Adonai ha-Aretz）。創造界的對應大天使：聖德芬（Sandalphon，共事者、高大天使）。形塑界的對應天使團：火靈（Eshim, Flames）。物質界的對應元素世界：在火靈天使團之下的元素精靈分成四部分，每一部分都各自有負責掌管的神聖之名、大天使、天使、統治者與元素王。

	火	水	風	地
神聖之名	萬軍之上主 YHVH Tzabaoth	神（以羅欣） Elohim	全能的活神 Shaddai El Chai	大地之主 Adonai ha-Aretz

	火	水	風	地
大天使	米迦勒 Michael	加百列 Gabriel	拉斐爾 Raphael	烏列爾 Auriel
天使	艾洛 Aral	塔里阿哈得 Taliahad	查杉 Chassan	佛拉克 Phorlakh
統治者	撒拉弗 Seraph	薩西斯 Tharsis	艾瑞爾 Ariel	基路伯 Kerub
元素王	晉 Djin	尼科撒 Nichsa	帕勞達 Paralda	鋯伯 Ghob

NEPHESH（動物魂魄）──係靈魂的四部分當中的第一部分，也是最低的部分，對應四字神名最後的 Heh、地元素、塔羅牌的圓盤牌組以及卡巴拉四界觀的第一層、也是最低層的物質界（Assiah）。

NESHAMAH（靈魂直覺）──係靈魂的四部分當中的第三部分，也是第二高的部分，對應四字神名的第一個 Heh、水元素、塔羅牌的聖杯牌組，以及卡巴拉四界觀的創造界（Briah）。

NETZACH（聶札賀）－Victory（勝利）──是生命之樹的第七輝耀，係為金星領域（Nogah）。原型界的對應神之聖名：萬軍之上主（YHVH Tzabaoth, Lord of Hosts）。創造界的對應大天使：漢尼爾（Haniel，神之榮耀）。形塑界的對應天使團：眾神（Elohim, the Gods）、對應天使：亞納爾（Anael）。物質界的對應行星智性：哈吉爾（Hagiel）、對應行星精靈：凱岱梅爾（Kedemel）。

NOTARIQON（字母縮寫法）——字母縮寫法有兩種。其一是將單一字彙、語句或片語縮減，即只取各字彙的首字母結合成更短的字彙，藉此探求更為根本的真理。其二是將某一字彙擴展成一句話，即該字的各個字母及排列順序會是那句話各個字彙的首字母及排列順序。

QABALAH OF THE NINE CHAMBERS（九室卡巴拉）——參見 AIQ BKR（阿伊科貝克爾）。

RUACH（人類智性）——係靈魂的四部分當中的第二部分，對應四字神名的 Vau、風元素、塔羅牌的寶劍牌組，以及卡巴拉四界觀的形塑界（Yetzirah）。

SHEM HA-MEPHORASH（神之分名、**The Divided Name of God**）——以下係摘自敝人另一著作《新千禧年的天使、魔鬼與神祇》（Angels, Demons & Gods of the New Millennium）。[1]

有一種將四字神名（the Tetragrammaton）詳細切分的方式，名為 Shem-ha-Mephorash，即「神之分名」，算是卡巴拉思想訓練當中最讓人印象深刻的展現之一。由於這種切分方式係使用四字神名，讓我們容易藉此窺見卡巴拉神祕家如何發展觀察宇宙動態的新方式，以及如何確認出執行宇宙機制的靈性動力。

為了從神之聖名獲取靈性開悟，在用盡字母代碼法（Gematria）、字母縮寫法（Notariqon）及字母變換法（Temura）的一切把戲之後，有些機靈的卡巴拉神祕家想到將四字神名排成畢達哥拉斯教派的四階形（tetractys），並將各階字母總數值再全都加起來。

$$\text{י} = 10$$

$$\text{הי} = 15$$

$$\text{והי} = 21$$

$$\text{הוהי} = 26$$

$$10 + 15 + 21 + 26 = 72$$

於是 72 被認為是四字神名（**הוהי**）的主要表現形式，是將神之聖名予以延伸（或說是切分）的關鍵。

那麼，既然整個黃道可以區分成 72 組（每 5 度為一組。360 ÷ 5 = 72），而太陽經過黃道 5 度所需時間大約等同一年當中的 5 天，因此四字神名的每一字母所切分出來的各個名字都掌管著一年當中的特定日子。這樣的視野相當令人讚嘆，因為它把宇宙的永恆與不可知的諸多面向，轉譯為屬於地球年度循環的熟悉時空語言，提供更能靠近檢視神祇的機會。接下來的任務則是找出那由 72 個名字組成的神之偉名（the Great Name）。

而人們發現聖經的〈出埃及記〉（Exodus）第 14 章有連續三節經文（第 19、20、21 節）都剛好是 72 個字母。那麼接下來要做的事情，就是用卡巴拉的方式來玩弄這三節經文，使它們產生出 72 個神之聖名。

這裡要跟大家指出的是，這三節經文所屬的時代，算是整部聖經中最具意義且最值得紀念的時期，當中種種事件不僅使查爾頓‧赫斯頓（Charlton Heston）成為美國影壇的永恆偶像，還講述希伯來人的神在世間彰顯力量的盛大表演之故事。

第 19 節：

ויסע מלאך האלהים ההלך לפני מחנה ישראל
וילך מאחריהם ויסע עמוד הענן מפניהם ויעמד מאחריהם:

而原先來到以色列營隊前方的神之天使，移動到後方並跟著他們行進；而那根雲柱也從他們的前方離開而矗立在他們的後方。[2]

第 20 節：

ויבא בין מחנה מצרים ובין מחנה ישראל ויהי הענן
והחשך ויאר את הלילה ולא-קרב זה אל-זה כל-הלילה:

於是它來到埃及軍隊與以色列營隊之間。雖然夜晚一直多雲陰暗，然而它整個晚上都為以色列之子提供照明，因此兩方的距離終夜都未縮短。

第 21 節：

ויט משה את-ידו על-הים ויולך יהוה את-הים ברוח
קדים עזה כל-הלילה וישם את-הים לחרבה ויבקעו-המים:

摩西向那片海舉高他的手，上主即以整晚的強勁東風使海退去，使原本的海變成乾燥的地，而汪洋就被分開。

然後他們把這三節經文排成上中下三列，第 19 節排成上列且由右往左書寫、第 20 節則排成中間列且由左至右書寫，第 21 節則排成下列且由右往左書寫。當這三列長度均為 72 字的經文上下對齊字母時，就可看作是 72 行、每行 3 字母的排列，那就是 72 個三字神名。

SUPERNAL TRIAD（上位三角）－Kether-Chokmah-Binah（科帖爾—侯克瑪—庇納）——係超越深淵存在的三個輝耀。雖然它們看似是三束各自分開的放射，然而它們事實上形成某種三合一的單元，各自反映出至高單子（Supreme Monad）、即科帖爾的不同面向。

TEMURA（字母變換法）——這是將個別字母逐一以其他字母置換的加密方式總稱。參見 AIQ BKR。

TIPHARETH（悌孚瑞特）－Beauty（美）——是生命之樹的第六輝耀，係為太陽領域（Shemesh）。原型界的對應神之聖名：知識之上主神（YHVH Eloah va-Daath, Lord God of Knowledge）。創造界的對應大天使：拉斐爾（Raphael，神已療癒）。形塑界的對應天使團：眾王（Melekim, the Kings）、對應天使：米迦勒（Michael）。物質界的對應行星智性：納基爾（Nakhiel）、對應行星精靈：索拉瑟（Sorath）。

TREE OF LIFE－Etz ha-Chayim（生命之樹）——這是用於象徵《形塑之書》根本陳述的圖樣，係在說明（使用教士本柯立孚德的譯文）「神……（藉由三個想像出來的朋友——數字、字母與話語——的協助）創造出具有 32 條智慧祕徑的宇宙，係由無中生有的十輝耀及 22 個字母所組成。」常見的生命之樹會以十道圓形放射（輝耀）以及對應希伯來字母表的22條路徑作為象徵。

YETZIRAH（形塑界）——是卡巴拉四界觀的第二界，對應四字神名的 Vau、風元素及塔羅牌的寶劍牌組。創造界的宇宙組織化在形塑界變得專一化，而有一整個階級的天使在此負責個別的任務。形塑界可被視為「神之心智與心智之眼」（the Mind and the Mind's Eye of the Deity）。此界在人類靈魂的對應部分則是人類智性（Ruach、Intellect）。

YESOD（易首德）－Foundation（根基）——是生命之樹的第九輝耀，係為月亮領域（Labanah）。原型界的對應神之聖名：全能的活神（Shaddai El Chai, Almighty Living God）。創造界的對應大天使：加百列（Gabriel，神為吾力）。形塑界的對應天使團：眾仲裁天使（Kerubim (who intercede)）、對應天使：也是加百列（Gabriel）（同名真奇怪）。物質界的對應行星智性：麥爾卡（Malka be-Tarshishim ve-ad be-Ruah Shehaqim）（中文譯名係取其簡稱 Malka）、對應行星精靈：夏斯莫岱（Chasmodai）。

Bischoff, Dr. Erich. *The Kabbala*. York Beach, ME: Samuel Weiser, 1985.

Crowley, Aleister. *The Book of Lies*. York Beach, ME: Samuel Weiser, 1992.

_____. *The Book of Thoth: A Short Essay on the Tarot of the Egyptians*. The Equinox III(5). The Master Therion. London: O.T.O., 1944. Facsimile edition, York Beach, ME: Samuel Weiser, 1974.

_____. *The Goetia: The Lesser Key of Solomon the King*. Aleister Crowley, ed. S. L. MacGregor Mathers, trans. Originally published by the Society for the Propagation of Religious Truth, in England in 1904. New edition including engraved illustrations of the spirits by M. L. Breton, and foreword by Hymenaeus Beta: York Beach, ME: Samuel Weiser, 1995.

_____. *Liber Aleph vel CXI: The Book of Wisdom or Folly*. The Equinox III(6) Rev. edition, Hymenaeus Beta, ed. York Beach, ME: Samuel Weiser, and New York: 93 Publishing, 1991.

_____. *Magick • Book Four • Liber ABA*. Hymenaeus Beta, ed. York Beach, ME: Samuel Weiser, 1993.

_____. *777 and Other Qabalistic Writings of Aleister Crowley*. Reprinted York Beach, ME: Samuel Weiser, 1990.

DuQuette, Lon Milo. *Angels, Demons & Gods of the New Millennium*. York Beach, ME: Samuel Weiser, 1997.

_____. *Tarot of Ceremonial Magick*. York Beach, ME: Samuel Weiser, 1993.

Eliade, Mircea. *A History of Religious Ideas*. London: University of Chicago Press, 1984.

Fortune, Dion. *The Mystical Qabalah*. York Beach, ME: Samuel Weiser, revised edition, 2000.

Friedman, Irving. *The Book of Creation*. New York: Samuel Weiser, 1977.

Gensenius, Wiliam. *Hebrew and Chaldee Lexicon to the Old Testament Scriptures*. S. P. Tregelles, ed. Grand Rapids, MI: Wm. Eerdmans, 1978.

James, William. *The Varieties of Religious Experience*. London: Longmans, 1910.

Jastrow, Marcus. *A Dictionary of the Targumim, the Talmud, Babi and Yerushalmi, and the Midrashic Literature*. New York: Judaica Press, 1975.

Jung, Carl G. *Man and His Symbols*. London: Aldus Books, 1964.

Kalisch, Isidor. *Sepher Yezirah: A Book on Creation, or The Jewish Metaphysics of Remote Antiquity*. New York: L. H. Frank. 1877.

Kaplan, Aryeh, ed. and trans. *The Bahir*. York Beach, ME: Samuel Weiser, 1990.

_____. ed. and trans. *Sepher Yetzerah*. York Beach, ME: Samuel Weiser, 1990.

Lamsa, George M., trans. *The Holy Bible*. Philadelphia: A. J. Holman, 1967.

Levi, Eliphas. *The Key of the Mysteries*. Aleister Crowley, trans. New York: Samuel Weiser, 1973.

Mathers, S. L. MacGregor, ed. and trans. *The Book of the Sacred Magic of Abra-Melin, the Mage*. London: Watkins, 1900; reprinted New York: Dover, 1975.

_____. ed and trans. *The Kabbalah Unveiled*. London: Kegan Paul, Trench and Trubner, 1887; reprinted York Beach, ME: Samuel Weiser, 1993.

_____. ed and trans. *The Key of Solomon the King*. London: Redway, 1889; reprinted York Beach, ME: Samuel Weiser, 1972, 1992.

Mordell, Phineas. *The Origin of Letters and Numerals According to the Sefer Yetzirah*. New York: Samuel Weiser, 1975.

參考書目

Munk, Michael L. *The Wisdom in the Hebrew Alphabet.* Brooklyn: Mesorah Publications, 1983.

Ponce, Charles. *Kabbalah: An Introduction and Illumination for the World Today.* Wheaton, IL: Quest Books, 1978.

Regardie, Israel. *The Golden Dawn.* 6th edition. St. Paul: Llewellyn, 1992.

_____. *The Complete Golden Dawn System of Magic.* Phoenix, AZ: New Falcon Press, 1984.

_____. *A Garden of Pomegranates.* St. Paul: Llewellyn, 1999.

Roth, Cecil. *Encyclopedia Judaica.* New York: Macmillan, 1972.

Runyon, Carroll (Poke). *The Magick of Solomon.* Pasadena, CA: The Church of the Hermetic Sciences, 1996.

Scholem, Gershom. *Major Trends in Jewish Mysticism.* New York: Schocken Books, 1967.

_____, ed. *Zohar: The Book of Splendor: Basic Readings from the Kabbalah.* New York: Schocken Books, 1972.

Simon, M., and H. Sperling, trans. *The Zohar.* New York: Bennet, 1959.

Singer, Isidore. *The Jewish Encyclopedia.* New York: KTAV Publishing, 1964.

Sternring, Knut. *The Book of Formation.* New York: KTAV Publishing, 1970.

Suares, Carlo. *The Sepher Yetsira.* Micheline and Vincent Stuart, trans. Boulder: Shambhala, 1976.

Townley, Kevin. *The Cube of Space: Container of Creation.* Boulder: Archive Press, 1993.

Waite, Arthur Edward. *The Holy Kabbalah.* New York: University Books, 1972.

Wang, Robert. *Qabalistic Tarot.* York Beach, ME: Samuel Weiser, 1990.

Westcott, W. Wynn. *Sepher Yetzirah: The Book of Formation and the Thirty-Two Paths of Wisdom.* New York: Samuel Weiser, 1975.

小䊸卜口位

作者簡介

　　隆・麥羅・杜奎特（Lon Milo DuQuette）已被書評家
認為是魔法及西方靈性傳統領域最能娛樂人心的作家。
其直率表達常有嘲諷之意，所以他的著作、研討會與工
作坊都讓讀者及觀眾產生出歡樂、討厭與驚奇混在一起
的有趣感受。他撰有多本魔法著作，包括《泰勒瑪魔法》
（The Magick of Thelema）、《儀式魔法塔羅牌》（The Tarot
of Ceremonial Magick）及《新千禧年的天使、魔鬼與神
祇》（Angels, Demons & Gods of the New Millennium）。而
他最近的著作是自傳《與靈相伴的一生》（My Life with the
Spirits），該書業獲頒獎，而未來主義者暨暢銷書作家羅勃
特・安通・威爾森（Robert Anton Wilson）也認為這本書是
「……西方神祕學最周全的介紹書籍──合情、合理、踏
實，且相當詼諧。」

　　杜奎特自一九七五年起即擔任「東方聖殿騎士會」
（Ordo Templi Orientis, O.T.O.）的國內與國際管理幹部，
該會是二十世紀最具影響力的魔法社團之一。他是業經美
國塔羅協會（American Tarot Association）認證的塔羅宗師
（Certified Tarot Grand Master），也是國際塔羅協會的重要
會員。他認為自己能夠娶到康斯坦絲・杜奎特（Constance
DuQuette）（他們在高中相戀），算是自己在魔法的最大成
就──而他們現在已經結婚三十五年囉。

小雞卡巴拉

出　　　　版／楓樹林出版事業有限公司
地　　　　址／新北市板橋區信義路163巷3號10樓
郵 政 劃 撥／19907596　楓書坊文化出版社
網　　　　址／www.maplebook.com.tw
電　　　　話／02-2957-6096
傳　　　　真／02-2957-6435
作　　　　者／隆‧麥羅‧杜奎特
譯　　　　者／邱俊銘
企 劃 編 輯／陳依萱
校　　　　對／聞若婷
港 澳 經 銷／泛華發行代理有限公司
定　　　　價／420元
二 版 日 期／2021年12月

國家圖書館出版品預行編目資料

小雞卡巴拉 ／ 隆‧麥羅‧杜奎特作；邱俊銘
翻譯. -- 初版. -- 新北市：楓樹林出版事業有
限公司, 2021.11　面；公分

ISBN 978-986-5572-60-0（平裝）

1. 神祕主義　2. 猶太教

143.65　　　　　　　　　110014694